自閉スペクトラム症の展開

我が国における現状と課題

寺山千代子　寺山洋一　著

TERAYAMA CHIYOKO　TERAYAMA YOICHI

金剛出版

序

　「自閉症」という用語は，1943年にアメリカの児童精神科医のカナー（Kanner, L.）が，ユニークな症状を示す11人の症例について，「情緒的接触の自閉的障害（Autistic disturbances affective contact）」という題名の論文を発表したことに始まる。そして翌年，カナーは，この症例を「早期幼児自閉症（Early infantile autism）」と命名した。また時を同じくして，オーストリアの小児科医のアスペルガー（Asperger, H.）は，「幼児期の自閉性精神病質（Die Autistisvhen Psychopathen im Kindesalter）」と題した論文を発表した。

　なお日本における最初の自閉症の症例は，1952年（昭和27年），鷲見たえ子（現，中沢）によって日本精神神経学会総会で発表されている。

　我が国において，カナーの早期幼児自閉症は牧田清志氏によって，アスペルガーの自閉性精神病質は平井信義氏によって紹介された。同じ「自閉」ではあるが，カナーとアスペルガーとでは，やや異なったものを指していたが（アスペルガーは，自閉的な傾向を精神病質ないし性格異常的な概念として用いた），同じ用語が用いられたため，教育界では同様のものとして理解された。

　自閉症と診断された子どもたちを，カナー型とアスペルガー型に区別していた時代もある。昭和40年代，ことばを話す比較的軽度の子どもをアスペルガー型自閉症と称し，それ以外はカナー型自閉症と呼ぶ傾向がみられた。こうした中，1969（昭和44）年に開かれた「自閉症研究会議」において，牧田氏によって自閉的特徴を主症状とする患児を総括して「自閉児」と呼ぶことが提案された。当時，医学界では「自閉児」という呼称は定着しなかったが，教育界，特に文部省では長期間用いられてきた。出版物についても，「自閉症」ではなく「自閉児」と用いるよう，文部省は指導していたので，筆者の『自閉児の教育と指導』の書名も，文部省から指導を受けていた。報告書も同様であった。教育の指導実践では，自閉症という診断がないときには，「自閉的傾向児」などと用いて，「自閉症児」を対象に，個々の特性を生

かした指導を展開していった。その後，診断用語として，「自閉症，自閉性障害」，さらに DSM-5（2013）では，「自閉スペクトラム症」が用いられるようになってきている。こうした背景から，本書の題名として「自閉スペクトラム症」の用語としたが，第Ⅰ部では，従来から，教育現場において「自閉症児」等いろいろな呼称がみられた経緯に鑑み，表記の統一上，「自閉症」を使い，また，第Ⅱ部では，どの用語が使われているかを含めて主要な研究を取り上げたので，研究当時の表記のまま用いることとした。

　ところで，「自閉症」を有する子どもたちの保護者から，自閉症に合うような教育を望む声が高くなり，昭和 42 年，自閉症の児童生徒数について調査を実施するに至った。この調査に当たって，「自閉症」を「精神薄弱教育」の枠の中でするのか，「情緒障害教育」の枠の中でするのかで議論があったが，一応の結論として「情緒障害教育」の枠の中で実施された。これを契機として，自閉症児のための学級の設置が決まり，学級の名称が文部省で話し合われた結果，「情緒障害特殊学級」と命名された。こうした経緯から，教育界では，情緒障害＝自閉症と考えられるようになっていった。こうした事態に対し，筆者は，自閉症は情緒障害でないと主張してきたが，一向に変更されることはなかった。しかし，平成 18 年 3 月 31 日付けの「通知」によって，通級による指導の対象者として，従来の情緒障害と別の形で「自閉症」が独立したものとなった。と同時に，「学習障害」及び「注意欠陥多動性障害」も，独立して加えられた。

　さらに，上記の「情緒障害特殊学級」も「自閉症・情緒障害特別支援学級」と表記されるようになり，ようやく自閉症は情緒障害の枠から抜け出すことができたといえよう。

　近年，自閉症の研究が特に進んできている。

　1979（昭和 54）年，それまで「自閉症と児童精神分裂病」（Journal of Autism and Childhood Schizophrenia）と呼ばれてきた専門雑誌が，「自閉症と発達障害」（Journal of Autism and Developmental Disorders）のように書名を変更したことは象徴的な出来事であった。その雑誌の編集者である Schopler, E. らは，変更した理由として，次の点を挙げている。

「自閉症と他の発達障害との間の関連が，しだいに認識されてきたとともに，過去20年間になされた多くの研究の累積によって，自閉症児に対する理解と治療は，普通児の成長だけでなく，ひとりひとりの特異な特徴をもった自閉症児の成長をも形成する発達的な要因に大きく依存していることが明らかになった。」

さらに同氏は，Paluszny著"Autism"の序文で，次のように述べている（パルズニーの著書は，日本語版で『自閉症児の医学と教育』〈中根晃監訳，佐賀・寺山訳（1981）岩崎学術出版社〉として出版されている）。

「（この変化は）自閉症を不適切な養育が原因の引きこもりであるとする見方から，一つの発達障害であるとする理解への変化であり，個別の心理療法によって処置されるべき内精神的，情緒的な障害とみなすことから，その子の重荷を，両親，学校，コミュニティーが分かちあうべき生物学的基礎をもつ障害とみなすことへの変化である」（1978），この時期を境にして，自閉症は発達障害と捉えられるようになった。

教育上，大きな転換は，個々のニーズに応じた指導を取り入れられ発展していった特別支援教育の導入である。

本書は，第Ⅰ部から第Ⅲ部までに分けて構成している。

第Ⅰ部では，自閉症児への教育の場としての「情緒障害特殊学級」の設置から，通級による指導，通常の学級での指導までを取り上げた。第Ⅱ部では，自閉症の研究として，筆者の研究発表のうち，印象深いものを取り上げた。

第Ⅲ部は，共同執筆者の寺山洋一氏が主担当となって，自閉スペクトラム症児・者の生涯を通じた包括的で長期的な視点から，学校卒業後における社会的支援のあり方について，意欲的な検討が行われている。

本書を通して，自閉スペクトラム症児・者，その養育者，教育，保育，福祉，医療，就労に携わる関係者の方々のお役に立てれば望外の幸せである。

寺山千代子

目　　次

序 ——————————————————————————————————————— 3

第Ⅰ部　我が国における自閉症教育

第1章　自閉症教育の始まり ——————————————— 15

第1節　自閉症児のための学級づくり……15

　1　学級の設置 15

　2　情緒障害特殊学級の増加 18

　3　自閉症児のための指導内容・方法 22

　4　情緒障害特殊学級の名称 27

第2節　情緒障害特殊学級設置前後の動き……29

　1　東京都公立学校情緒障害教育研究会の発足 29

　2　全国情緒障害教育研究会の発足 29

　3　東京自閉症児親の会，全国協議会の発足 30

第2章　養護学校／特別支援学校における自閉症教育 ——— 32

第1節　養護学校の教育とは……32

　1　養護学校（現　特別支援学校）の目的 32

　2　知的障害養護学校／特別支援学校の学校数，児童生徒数の推移 33

第2節　養護学校の義務化……33

　1　養護学校の義務化と教育内容 33

　2　就学猶予と就学免除 35

　3　訪問教育 38

第3節　特別支援教育への転換と自閉症教育……39

　1　特殊教育から特別支援教育へ 39

　2　特別支援教育構築に向けての文部科学省の諸施策 40

3 特別支援教育に関する学習指導要領の改訂と自閉症教育 42

第4節　特別支援学校（知的障害）の教育課程の編成……45

1 特別支援学校（知的障害）の教育課程の編成 45

2 最近の動向 45

第3章　「通級による指導」の実現 ——————— 47

第1節　「通級による指導」とは……47

1 「通級による指導」の制度化に向けて 47

2 「通級による指導」に関する教師の意識 48

第2節　通級指導教室と児童生徒数の推移……48

1 通級指導教室で指導を受けている児童生徒数の推移 48

2 平成11年度の調査結果から 51

3 「通級による指導」を受けている対象児の障害の明確化 51

第4章　通常の学級における指導 ——————— 53

第1節　通常の学級での指導…… 53

1 通常の学級に在籍する児童生徒 53

2 通常の学級の教育課程 53

第2節　通常の学級における支援を必要としている児童生徒……56

1 平成14年の文部科学省の調査結果 56

2 平成24年の文部科学省の調査結果 56

3 発達障害児への支援 56

第5章　卒業後の自立に向けて ——————— 60

第1節　中学校，特別支援学校中学部・高等部生徒の進路……60

1 中学校特別支援学級・特別支援学校中学部卒業後の進路 60

2 高等部卒業後の進路 61

3 卒業後のあり方 62

第Ⅱ部　自閉スペクトラム症児への教育に関する研究

第1章　自閉的傾向児の言語能力に関する考察——ひらがな文字の読みについて——　68

1　問題 68

2　目的 69

3　方法 70

4　結果 71

5　考察 77

第2章　自閉的傾向児の発達プロフィルとひらがな文字読みにみられる言語能力との関連性について　81

1　問題 81

2　方法 82

3　結果 83

4　考察 90

第3章　自閉児の視知覚能力と文字の読み書き水準および行動特徴との関連　95

1　問題 95

2　目的 96

3　方法 96

4　結果の処理 97

5　結果 97

6　考察 101

第4章　情緒障害学級の成立過程の比較研究——東京・大阪を中心にして——　108

1　問題 108

2 目的 108

3 方法 109

4 結果 109

5 考察 115

第5章　情緒障害学級の成立過程の比較研究Ⅱ——学級の設立から今日的課題まで—— ———————— 122

1 問題 122

2 目的 123

3 方法 123

4 結果 123

5 考察 135

第Ⅲ部　自閉スペクトラム症・発達障害への社会的支援

第1章　自閉スペクトラム症と発達障害 ———————— 147

第1節　法制上の定義…… 147

1 発達障害との関係 147

2 国会における「自閉症」148

3 「発達障害者支援法」の制定 148

第2節　医学的診断基準による発達障害…… 149

1 DSM-Ⅳ-TR（新訂版，2003）による診断基準 149

2 DSM-5（精神疾患の診断・統計マニュアル）155

第2章　ライフステージに応じた社会的支援 ———————— 158

第1節　各ライフステージにおける社会的支援の必要性…… 158

1 長期的な視点に立った包括的支援 158

2 母親その他の養育者への支援 159

第2節　乳幼児期・児童期・青年／成人期・老年期における支援
　　　…… 161

　1　乳幼児期における支援 161

　2　児童期における支援 161

　3　青年／成人期における支援 163

　4　老年期における支援 163

第3章　障害者を取り巻く社会環境 ——————————— 165

第1節　仕事と雇用…… 165

　1　多様な働き方 165

　2　障害者の雇用の促進 166

　3　労働時間と賃金 167

　4　使用者による障害者への虐待等 169

第2節　犯罪…… 171

　1　被害を受けないために 172

　2　障害者が関わる犯罪 172

第4章　障害者をめぐる国際環境 ——————————— 174

第1節　条約の経緯と内容…… 174

　1　日本の立場 174

　2　条約の採択までの流れ 175

　3　条約の内容 175

第2節　国内法の整備に向けた政府の動き…… 176

　1　障がい者制度改革推進本部の設置 176

　2　国内法の整備に向けた立案作業 176

第3節　国内法に関する立法政策 177

　1　「障害者基本法」の一部改正 177

　2　「地域社会における共生の実現に向けて新たな障害保健福祉施策を
　　講ずるための関係法律の整備に関する法律」の成立 178

　3　「障害を理由とする差別の解消の推進に関する法律」の成立 179

4 「障害者の雇用の促進等に関する法律」の一部改正 179

第4節　議員立法による関連制度の改革…… 180

1 「障害者虐待の防止，障害者の養護者に対する支援等に関する法律」の成立 180

2 「国等による障害者就労施設等からの物品等の調達の推進等に関する法律」の成立 180

3 「成年被後見人の選挙権の回復等のための公職選挙法等の一部を改正する法律」の成立 181

別章　海外レポート
～西オーストラリア州における自閉症をめぐる福祉と教育～ ── 184

1 自閉症児を対象とする福祉制度 184

2 私立学校の発達支援教育の例 187

結びに代えて────────────────────── 189

第 **I** 部

我が国における自閉症教育

第1章
自閉症教育の始まり

第1節　自閉症児のための学級づくり

1　学級の設置

1）設置までの経過

　学校教育における自閉症児のための学級の設置への機運を高めていったのは，自閉症児を持つ親たちや自閉症児を担任した教師たちの運動，あるいは東京都立教育研究所（以下，都立研）における自閉症児に関する調査・研究などである。

　昭和43年度に都立研[25]では自閉症児に関する研究を，「自閉症児の教育をめぐって（第1報）」として報告している。この調査によると，都内の小学校に在籍している児童のうち，専門医に「自閉症と，その疑いのある児童」としてチェックされた者が76名おり，そのうち53名が普通学級に，残りは養護学校に在籍していると報告されている。

　一方，親の会[1]では，昭和43年に比較的自閉症児が多く発見されていると推測されていた杉並区の会員を対象にアンケートを行い，その結果に基づいて東京都に働きかけを行っている。同年，10月頃から教育委員会をはじめ，各関係機関に働きかけ，11月に請願書を作成し都議会に提出している。12月に都の予算が組まれ，3月に区議会がこれを承認し，学級が開設されるに至っている。

2）東京都杉並区立堀之内小学校に堀之内学級が誕生

　最初の学級設置が杉並区の堀之内小学校[19]に決定したのは，杉並区が都の特殊教育推進地区の指定を受けていたこと，区立済美研究所が近いこと（区立の研究所では，この3年ほど前から自閉症の問題に取り組んでいた），交

通の便が比較的よいこと，堀之内小学校に教室のスペースが確保できたこととなっている。開級は，昭和44年9月29日である。

引き続き，翌昭和45年[23]には，世田谷区立桜小学校に46年には町田市立町田第1小学校と中野区立塔山小学校，47年には府中市立府中第3小学校と目黒区立五本木小学校に開設。昭和48年には9校，49年には8校と急増していった。

3）堀之内学級の経営

堀之内学級の当初の学級編成は1学級で，情緒障害児（自閉症または自閉的傾向）7人と担任2名であり，施設設備としては，遊戯室，教室，準備室，相談室，観察室などが用意された。学級の名称は，情緒障害特殊学級となった。

指導の目標として，「①障害児の症状や特徴をよく知り，②障害になっている側面の治療教育をおこない，③教育可能な側面の開発と拡大をはかる」ことが掲げられている。対象児は原則として普通学級（親学級）に籍をおき，一定の時間，または一定の曜日を情緒障害学級（子学級）に通級することとなっている。

4）大阪に情緒障害特殊学級のできるまで

大阪府において情緒障害特殊学級が設立されるまでの経過を，関係のあった団体ごとにまとめて報告する。

a）「情緒障害児短期治療施設」

情緒障害児のための学級の設置の契機となったのは，大阪では特に「情緒障害児短期治療施設（以下，情短施設）」ができたことによるといわれている。この施設[9, 10]は，昭和36年の児童福祉法の一部改正によって新しく作られたもので，昭和37年4月には岡山県立津島児童学院，同年9月に静岡県立吉原林間学園，11月に大阪市立児童院（初代院長　林脩三）が開設されている。2015年では，その数が38施設になっている。この施設の目的は，「短期間，入所し，又は保護者のもとから通わせて，その情緒障害をなおすこと」にあり，その対象児は「軽度の情緒障害を有する児童」であった（児童福祉法第43条の5）。

b）入所児童のための学級の開設

　この情短施設の目的は，前述のとおり軽度の情緒障害を有する児童の情緒障害をなおすことにあるので，施設[10]では心理療法及び生活指導を行い，児童の社会的適応能力の回復を図り，退所後は健全な社会生活ができるように指導が行われている。従って，入所の対象児は，主として環境要因によって情緒障害をきたし，家庭や学校の生活に適応困難となっている児童たちであった。

　入所児童たちの教育の場として，この施設内に昭和38年4月1日，大阪市立明治小学校分校[11]が設立され，複式3学級が設けられた。この学級は翌39年4月1日に，情緒障害対象特殊学級として認可され，昭和41年4月1日に1学級増設され4学級となっている。

c）情緒障害特殊学級の設置

　大阪府[12]に情緒障害特殊学級として学級が設置されるようになるのは，昭和45年度からである。このときの学級数は，大阪市立明治小学校（施設内）4，東田辺小学校1，東大阪市立弥刀東小学校1，堺市立安井小学校1，忠岡町立忠岡小学校1，大阪市立緑中学校1学級である。

　なお，大阪府[13]では，昭和48年から，心身障害に対する教育のいっそうの振興をはかるという観点で，「特殊教育」の「特殊」の用語を「養護」と改めている。これ以後，大阪では，「特殊学級」が「養護学級」と呼ばれることになる。

d）大阪自閉症児親の会

　昭和36年及び37年に神戸大学（黒丸正四郎）に来所していたグループと大阪日赤病院に来所していたグループの合同親の会[14]が，大阪市の相談所の講堂で第1回の発会式を行ったが，大阪の方はそれ以後続いていない。その後，府下の児童精神医学者や心理学者などが中心となり，昭和40年7月29日に自閉症児研究会を開いている。その席上で親の会の結成がすすめられ，第1回大阪自閉症児親の会[14]（初代会長 澄川智）は，昭和40年8月22日，大阪府立公衆衛生研究所に38名の子どもとその両親を集めて発足した。翌41年3月21日，大阪府立厚生会館（現青少年会館）で第1回総会[15]を，34名の親と児童22名，来賓34名の参加を得て開き，会員の確保，啓蒙，

講演会等，当面の活動方針を決めている。親の会として最初に行った活動は，自閉症児施設を作ること，そして学校教育を受ける機会を作るための運動であった。昭和43年7月に出された府知事への「自閉症児の療育に関する陳情書」[17] にも，「自閉症児の通園，治療の場の設置，収容施設の準備拡充，自閉症児のための実験学級等」が要望されている。これに応える形で，昭和45年7月に府立松心園（医療施設）が開設されている。

2　情緒障害特殊学級の増加

1）情緒障害特殊学級数の増加（東京・大阪の比較）

情緒障害特殊学級数（小学校・中学校）の推移を表1，表2に，全国[8]，東京都[22]，大阪府[13] を比較する形で示す。

全国分に関して，文部省の「特殊教育資料」に「情緒障害」の項目が記載されるようになったのは昭和52年度からであり，それ以前はその他の項目に集計されている。

2）全国への広がり

東京都に情緒障害特殊学級（現，情緒障害特別支援学級）が作られたことを契機として，全国に情緒障害特殊学級が広がっていった。文部省の全国調査で，情緒障害特殊学級としての記載が開始されたのは昭和52年度からであり，それ以降，毎年5月1日の小学校および中学校における情緒障害特別支援学級の学級数，あるいは児童生徒数が示されるようになっていった。

全国情緒障害特殊学級数の推移，児童生徒数の推移を表3に示す。

数の増加が著しいので，図で表してみると，平成5年あたりから増加していることが分かる。ちなみに平成5年度から通級による指導が開始されている。

全国情緒障害特殊学級数の推移を図1に，児童生徒数の推移を図2に示す。

単純に，1クラスの在籍者数をみると，表4のようになり，昭和52年の1クラスの在籍者数が多いことが分かる。

平成5年から「通級による指導」が始まり若干減少しているが，平成25年には小学校・中学校とも4人弱となっている。

表1　情緒障害特殊学級数と児童数の推移——小学校

年度	全国		東京都		大阪	
	学級数	児童数	学級数	児童数	学級数	児童数
39					3	20
40					3	23
41					4	22
42					4	28
43					4	27
44			1	7	4	23
45			3	32	8	46
46			4	37	11	47
47			6	52	19	74
48			18	149	24	84
49			30	214	32	153
50			39	267	47	202
51			44	320	47	278
52	710	3,597	50	369	45	241
53	884	4,310	58	395	55	383
54	1,034	4,981	62	470	67	457
55	1,221	5,801	70	550	78	530
56	1,423	6,580	72	588	89	598
57	1,615	7,328	79	609	115	724
58	1,782	7,820	80	608	142	852
59	1,894	8,203	79	592	161	940
60	2,013	8,348	78	542	192	1,064
61	2,156	8,434	72	507	280	1,396
62	2,227	8,104	71	509	347	1,556

文部科学省資料より

表2　情緒障害特殊学級数と生徒数の推移——中学校

年度	全国		東京都		大阪	
	学級数	児童数	学級数	児童数	学級数	児童数
45					1	5
46					2	13
47					3	13
48					5	11
49			1	8	6	31
50			2	6	6	16
51			3	8	6	26
52	171	857	3	13	6	22
53	214	1,003	6	23	13	62
54	255	1,205	7	32	17	83
55	312	1,436	8	41	22	102
56	373	1,649	9	56	29	131
57	452	2,018	9	71	43	193
58	552	2,458	11	73	54	269
59	650	2,912	12	82	66	332
60	764	3,398	12	91	83	434
61	868	3,629	17	118	127	637
62	970	3,941	21	156	170	771

文部科学省資料より

表3 情緒障害特別支援学級（特殊学級）数と児童生徒数の推移

年度	小学校		中学校		合計	
	学級数	児童数	学級数	生徒数	学級数	児童生徒数
1977（昭和52）	710	3597	171	857	881	4,454
1978（昭和53）	884	4,310	214	1,003	1,098	5,313
1979（昭和54）	1,034	4,981	255	1,205	1,289	6,186
1980（昭和55）	1,221	5,801	312	1,436	1,533	7,237
1981（昭和56）	1,423	6,580	373	1,649	1,796	8,229
1982（昭和57）	1,615	7,328	452	2,018	2,067	9,346
1983（昭和58）	1,782	7,820	552	2,458	2,334	10,278
1984（昭和59）	1,894	8,203	650	2,912	2,544	11,115
1985（昭和60）	2,013	8,348	764	3,398	2,777	11,746
1986（昭和61）	2,156	8,434	868	3,629	3,024	12,063
1987（昭和62）	2,227	8,104	970	3,941	3,197	12,045
1988（昭和62）	2,287	7,706	1,040	3,995	3,327	11,701
1989（平成元）	2,304	7,515	1,114	4,028	3,418	11,543
1990（平成2）	2,339	7,247	1,173	4,068	3,512	11,315
1991（平成3）	2,389	7,156	1,208	4,015	3,597	11,171
1992（平成4）	2,476	7,197	1,255	3,919	3,731	11,116
1993（平成5）	2,617	7,420	1,301	3,907	3,918	11,327
1994（平成6）	2,825	7,856	1,325	3,781	4,150	11,637
1995（平成7）	3,059	8,422	1,405	3,883	4,464	12,305
1996（平成8）	3,288	9,000	1,469	3,950	4,757	12,950
1997（平成9）	3,608	9,808	1,547	4,052	5,155	13,860
1998（平成10）	3,871	10,809	1,625	4,264	5,496	15,073
1999（平成11）	4,305	11,699	1,759	4,461	6,064	16,160
2000（平成12）	4,700	12,690	1,898	4,818	6,598	17,508
2001（平成13）	5,214	14,003	2,078	5,375	7,292	19,378
2002（平成14）	5,698	15,333	2,333	6,004	8,031	21,337
2003（平成15）	6,317	17,077	2,542	6,379	8,859	23,456
2004（平成16）	6,909	19,028	2,722	6,854	9,631	25,882
2005（平成17）	7,550	21,508	2,953	7,416	10,503	28,924
2006（平成18）	8,247	24,539	3,257	8,390	11,504	32,929
2007（平成19）	9,062	27,934	3,665	10,067	12,727	38,001
2008（平成20）	9,817	32,132	4,035	11,570	13,852	43,702
2009（平成21）	10,676	36,408	4,423	13,547	15,099	49,955
2010（平成22）	11,457	40,705	4,814	15,077	16,271	55,782
2011（平成23）	12,197	44,838	5,177	16,918	17,374	61,756
2012（平成24）	12,956	48,757	5,568	18,626	18,524	67,383
2013（平成25）	13,810	53,328	6,012	20,788	19,822	74,116

（毎年5月1日現在）　文部科学省資料より

表4　1クラスの在籍者数

	小学校	中学校
昭和52年度	5.06	5.01
平成5年度	2.78	3.00
平成25年度	3.86	3.45

第1章 自閉症教育の始まり 21

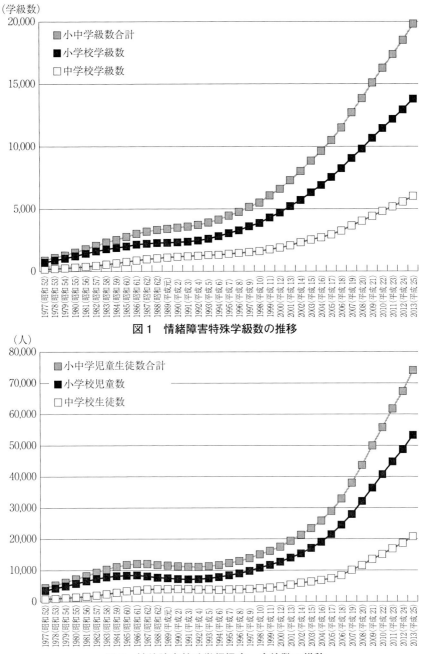

図1 情緒障害特殊学級数の推移

図2 情緒障害特殊学級児童・生徒数の推移

一方，国立特殊教育総合研究所（現，国立特別支援教育総合研究所）の情緒障害教育研究部が平成8年度に行った情緒障害特殊学級の実態調査（有効回答数は1,448校）では，得られた回答における児童生徒3,928人のうち2,240人（57％）が自閉症であり，このうち1,304人（全体の33％）が医師の診断を受けていたと報告されている。また，国立特殊教育総合研究所分室が平成9年度に実施した首都圏の情緒障害特殊学級を対象とした実態調査からは，得られた回答における児童生徒1,211人のうち496人（41％）が自閉症あるいは自閉的な傾向と報告[21]されている。

3）情緒障害特殊学級における学級の形態

堀之内学級以後に開設された学級の形態は，各地域や学校の実情などによって様々である。その形態としては「固定制（固定した児童生徒が年間を通して在籍する）」，「通級制（ある決められた曜日，時間だけ通うもの）」，さらにこれらを組み合わせたものがある。ここで，「通級制」ではあっても，原則的には，その学級に何人かの児童生徒は独自に在籍している。東京都[21]における小，中学校の学級の形態を表5，6に示す。

3　自閉症児のための指導内容・方法
1）自閉症の概念とその後の展開

自閉症の概念は，この半世紀の間にかなりの変遷を経てきた。このことは，治療面や教育面に，さらには自閉症児の保護者にも大きな影響を与えてきた。

「自閉」という用語は，1911年にブロイラーが精神分裂病の病態を表す症状の一つとして用いたのを，このような特徴を示す子どもたちにカナーが「早期幼児自閉症」と命名したことによる。カナー自身も，もっとも早い時期にあらわれる精神分裂病とみなしていた時期もあり，1956年にアイゼンバークとともに，早期幼児自閉症を精神分裂病の枠内に置くことを提案している。

早期幼児自閉症と精神分裂病に関しては，1960年代頃までは，ほとんど同義語的に用いられていたということであるが，1970年代になってラターを始め英国の研究者たちを中心に，自閉症児と精神分裂病の相違が明らかにされた。自閉症と精神分裂病が異質である理由として，自閉症は精神分裂病

第1章 自閉症教育の始まり 23

表5 東京都における学級の形態——小学校

年度	固定制		通級制	
	学級数	児童数	学級数	児童数
48	8	29	10	120
49	8	37	22	177
50	13	43	26	224
51	11	36	33	284
52	10	49	40	320
53	8	44	50	351
54	9	55	53	415
55	13	61	57	489
56	15	79	57	509
57	19	90	60	519
58	20	98	60	510
59	20	103	59	489
60	18	90	60	452
61	17	83	55	424
62	19	85	52	424

文部科学省資料

表6 東京都における学級の形態——中学校

年度	固定制		通級制	
	学級数	児童数	学級数	児童数
48	0	0	0	0
49	0	0	1	8
50	0	0	2	6
51	1	2	2	6
52	1	2	2	11
53	3	10	3	13
54	2	9	5	23
55	3	13	5	28
56	4	13	5	43
57	4	23	5	48
58	6	32	5	41
59	6	26	6	56
60	6	33	6	58
61	9	29	8	89
62	10	43	11	113

文部科学省資料

に比較して，発症年齢が比較的早いこと，成人に達しても妄想や幻覚がないこと，性差があることなどが上げられている。表7は，自閉症の概念や原因論の変遷と治療技法・教育的対応技法の変遷をまとめたものである。

24　第Ⅰ部　我が国における自閉症教育

表7　自閉症の研究・治療・教育・支援の変遷（一覧）

	治療技法や教育的対応（支援）方法の変遷	その背景にある原因論（原因仮説）の変遷
1940	*1943年に米国の児童精神科医カナーが「情緒的接触の自閉的障害」という論文で，乳幼児期からの生得的な情緒的接触の自閉的障害を主徴とする11症例を報告して，1944年に「早期幼児自閉症」と命名した。*	＊レオ・カナーは生得的障害と考えた。 精神分裂病（統合失調症）の最早期発症説 心因説（心因論）が強まる ＊誤った育児方法による発症とする説 ＊親の性格，家族関係の問題とする説
↓	＊受容的，非指示的な遊戯療法 ＊精神療法・心理療法 ＊精神分析的技法　＊治療教育的技法 ＊育児方法の指導，親へのカウンセリング	心因説の否定：（コペルニクス的転回）
1970 ↓ 1980	＊抗てんかん剤や脳機能調整剤の投薬 ＊言語療法・言語指導　＊行動療法 ＊感覚統合療法　＊種々の機能訓練 ＊応用行動分析 ＊動作訓練 ＊抱っこ法 ＊TEACCHプログラム	脳障害説〔脳障害の想定部位〕 ＊言語・認知障害説〔*大脳左半球*〕 ＊情緒障害説〔*辺縁系*〕 ＊心の理論障害説〔*前頭葉，側頭葉*〕 ＊〔*小脳*障害説〕広汎な発達障害の原因 ＊実行機能障害説〔*大脳前頭前野*〕
1990 ↓ 2000 ↓	＊種々の構造化技法（環境調整の技法） ＊心の理論の指導　＊社会技能訓練（応用行動分析，構造化技法の定着） ＊社会場面ストーリー(social stories)技法 ＊認知行動療法 ＊オキシトシン経鼻投与	遺伝と環境要因の再検討：カナーへの回帰 ＊社会性の生得的障害説〔*扁桃体を中心とする「社会脳」の機能不全*〕 ＊脳のオキシトシン受容体遺伝子変異説

東條吉邦（2015）自閉症研究の現在．日本特別ニーズ教育学会第21回研究大会

2）原因論の変遷と療育・教育の方法

　自閉症の原因は，親の養育態度を含めた環境的なものであるとする考え方が，当初20年間は強かった。この背景には，カナー自身が11症例についての記述の中で，親の養育態度が知的で冷たいことに触れていることが一つの要因になったと考えられる。他人との感情的な接触が持てないという子どもについて，精神分析学的研究者たちは，自我の欠陥に重きを置くか，あるいは環境要因に重きを置くかなどし，防衛機制として自閉症状を考えていた。従って，自閉の機制によって他人との接触を絶った子どもたちであるから，この自閉の機制から彼らを解放して疎通性をはかるのが最良の方法と考えた。我が国でも初期には，自閉症児に，主として遊戯療法が行なわれた。これは，ロジャースの提唱した非指示的精神療法を子どもの遊びを通して適用

していこうとしたもので，特にアクスラインの遊戯療法が取り入れられた。

　自閉症の原因が，親の養育態度を含めた心因的なものとされていた時代には，教育よりも，心理療法的なアプローチが主として試みられていた。しかし，当時の教育現場では，このような心理的な立場での対応が，それまでに展開されていなかった経緯もあって，この考えが浸透するのには，かなりの時間がかかった。そして，この考えが理解されはじめた1970年代になって，ラターらを中心に，自閉症は生物学的基礎に障害を持つことが示唆され，これが医学関係者の一般的な見解として受け入れられるようになり，同時に，療育・教育の方法をめぐっての大きな転換が起こった。

　つまり，1960年代に実施された様々な研究から，親の性格や家族関係に問題はなく，乳幼児期の養育の失敗も認められないとする見解が次第に有力となり，一方，自閉症児の臨床像の追跡研究からは，言語面の障害は思春期になっても重篤なまま残る場合が多いこと，脳波異常やてんかん発作を合併する症例が年長になるにつれ増加すること，自閉症の諸症状と，失語，失認，失行といった脳障害の症状が類似していることなどが知られるようになり，自閉症の本態は脳障害による言語・認知機能の発達不全であり，情緒的・対人的な障害は二次的に生じるとする解釈（言語・認知障害説）が，1970年代には主流となった。このような自閉症の原因論の変化は，コペルニクス的転回とも呼ばれている。さらに，脳研究の技法の多様化と，その飛躍的な進歩といった時代的背景の中で，1970年代から現在まで，自閉症児の脳の機能的，器質的な異常を，神経生理学的，生化学的，形態学的に示唆する，多数の研究が発表され，自閉症の原因は，生育環境にあるのではなく，脳の発達の歪みにあると言われるようになってきた。

　自閉症児への治療的・教育的対応に関しても，1970年代以降は，感覚統合療法，音声言語や視覚言語の指導，行動療法，抗てんかん剤や種々の脳機能調整剤の投薬といった脳の言語・認知機能の改善を意図した対応が主流となり，それまでの受容的，非指示的な遊戯療法や精神療法に取ってかわった。また，応用行動分析の技法やTEACCHプログラムに代表されるように，環境の物理的構造化やスケジュールの視覚的構造化など，自閉症児にとって，理解しやすい学習環境・生活環境をつくることが非常に大切であると言われ

るようになってきた。しかしながら，脳のどの部位がどのように障害されているのかについては，脳障害説が提起されてから約 30 年が経過した現在でも，未だ特定されていない。

　一方，多様な治療技法が提起される中で，抱っこ法をはじめ，対人的接触を積極的に図ることが，自閉症の症状形成をかなり抑える働きがあるといわれるようになってきた。また，知的な障害の軽微な高機能自閉症児，あるいは，行動療法的な対応などで言語・認知面の学習が進んだ自閉症児でも，社会性や対人関係の発達には，大きな問題が残ることが，成人期までの追跡的研究から明らかになってきた。

　1980 年代には，乳幼児精神医学への関心の高まりとともに，自閉症の原因論を再検討する動きが強まり，自閉症児の脳には脆弱さがあることは事実であろうが，その症状形成には，環境的な要因，とくに親子相互作用の不十分性も関与しうるといった解釈も提出され，言語・認知機能の発達障害が自閉症の一次障害であるとする見解に対しても，批判的な研究が，1980 年代の中頃から増えてきた。例えば，ホブソン (Hobson, R.P.) は「情動障害説」を，バロン－コーエン（Baron-Cohen）らは「心の理論障害説」を提唱し，自閉症児の対人行動や社会性の発達の問題が重視されるようになってきた。情動障害説では，対人的な情緒発達の障害こそが自閉症の本質であり，言語や認知の障害は，愛着をはじめとした対人関係の不全から派生するとされ，心の理論障害説では，自閉症の一次障害は他者の表象を理解できない（他者の心を察知できない）ことにあるとされている。このように，情緒や対人関係の障害への関心が高まってきたのが，1980 年代後半からの自閉症研究の動向であり，このことはカナーへの回帰とも呼ばれている。

　対人関係や情緒発達といった領域への関心の高まりは，必然的に，言語・認知機能には問題の少ないタイプの自閉的な障害に関する研究を喚起し，アスペルガーの業績の評価へと繋がった。なお近年になって，自閉症やアスペルガー障害にみられる社会的な問題への治療的・教育的対応に関しては，社会技能訓練や社会的ストーリーなどの技法が有効であることが知られるようになってきており，TEACCH でも，このような技法が活用されている。

　一方，千住ら [18] による社会脳の研究も進められている。

最近，東京大学医学部が中心となり，自閉スペクトラム症者を対象として，対人コミュニケーション障害の改善の治療薬としてのオキシトシンの経鼻スプレーの臨床試験を行っている。オキシトシンは，脳の下垂体から分泌されるホルモンといわれ，アスペルガー症候群の人は，オキシトシンの濃度が低いといわれている。

オキシトシンの効果についてはこれからであるが，自閉症の治療薬がない現在，期待されるところである。

4　情緒障害特殊学級の名称
1）実態調査の実施結果
「情緒障害」という用語が，公的に用いられたのは，昭和36年の児童福祉法の一部改正によって「情緒障害児短期治療施設」ができるようになったことによるとされている。この用語が教育の場（文部省所管の文脈）で用いられるようになるのは，昭和40年10月に出された「心身障害児の判別と就学指導[6]」の手引書における「第2章　心身障害児の判別の方法と実際――第8節　情緒障害者――」の中からである。ここでの「情緒障害者」の定義では，「いわば感情的，情緒的なもつれ，あつれきに起因する行動上の異常と考えてよいであろう。したがって，情緒障害者というのは，まず第一に，いわゆる一次的行動異常といわれるものを含むと考えてよい」とされている。分類と主な症状に関しては，試案としながら，「各種の習癖（言語，排泄，睡眠，食事など），神経症，チック，神経症に類縁のもの，反社会的な方向におこる問題行動」をあげている。

さらに，昭和41年10月の「心身障害児の判別と就学指導[7]」に関する講習会のテキストによると，「情緒が年齢相応に発達しなかったり，障害があったりして，生活行動に問題を有する児童」と解説されている。ここまでの，「情緒障害」の用語の用い方をみるかぎり，厚生省の系統に属する「情緒障害児短期治療施設」での用いられ方とほぼ同様である。

教育の文脈で次に「情緒障害」の用語が用いられたのは，昭和42年6月の「児童生徒の心身障害に関する調査[4]」である。この調査は，「わが国における義務教育該当年齢（6〜14歳）の児童生徒の心身の障害の実態を把握する

とともに,『教育上特別な取り扱いを要する』児童生徒の状況を明らかにし,特殊教育等の振興施策に役立てる基礎資料を提供すること」を目的として実施されたものである。

心身障害の種類別として,視覚障害,聴覚障害,精神薄弱,肢体不自由,病弱・身体虚弱,言語障害,情緒障害とされており,昭和28年の実態調査と比較すると,ここではあらたに「言語障害」と「情緒障害」が加えられている。

さらに,この調査では,情緒障害児の類型として,「登校拒否の疑い,神経症の疑い,緘黙の疑い,自閉症の疑い,精神病の疑い,脳の器質的障害の疑い,その他」となっており,この中に自閉症が新しく入ってくる。自閉症児が情緒障害の枠組の中に入ってくるのは,この時点からである。

この調査の結果[4]をみると,小・中学校の普通学級・特殊学級を合わせて,登校拒否の疑い2,883,神経症の疑い522,緘黙の疑い8,358,自閉症の疑い3,339,精神病の疑い3,394,脳の器質的障害の疑い2,216,その他43,005名となっている。その他の項目に数が多いのは,障害を類型化することが困難な子どもが多いことを現しているといえよう。この調査をもとに,全児童数に対する情緒障害児の出現率を算出すると,0.43%となっている。我が国で,情緒障害児の出現率が0.43%といわれることが多いのは,この調査によるものである。

さらに,当時,この結果から特殊学級で教育を受けることが望ましい児童生徒の出現率が算出され,10年後の昭和56年における対象者数を9,830名と推定している。昭和56年度の児童生徒の実際の数は8,229名であり,もとの推定数より少ないが,これはその後の養護学校の義務化にともなって,養護学校に在籍している者もいるためであろうと推測される。

2）「情緒障害」の名称

この調査で自閉症を情緒障害の範疇に加えたことについては,第1回全情研の東京大会[29]で,当時の文部省教科調査官 松原隆三が,このことについて,お茶の水女子大学 平井信義,神戸大学医学部 黒丸正四郎,東京大学医学部 上出弘之,国立精神衛生研究所 玉井収介の諸氏の協力を得て,この調査では取りあえず情緒障害を広くとらえて,情緒障害の類型を「登校拒否,

神経症，緘黙，自閉症，精神病，脳の障害およびその他」と設定したと説明している。

取りあえずとしたことが，その後長く用いられ，特別支援教育の導入された時期（平成18年度）になってから，情緒障害と自閉症は分けられることになった。

第2節　情緒障害特殊学級設置前後の動き

学級設置までには，教師たちや自閉症児の親たちが立ち上がり，教師の会や親の会が発足していった。

1　東京都公立学校情緒障害教育研究会の発足

東京都公立学校情緒障害児教育研究会（略称「都情研」）の前身は，「自閉症といわれた子の担任の会」という会である。この会は，昭和41年7月に自閉症児の担任者を集めた私的な研究会として発足している。

この会は後に公的な組織，「東京都公立学校情緒障害教育研究会[24]（初代会長　跡部欣二）」として，昭和42年10月3日，東京都中央区久松小学校に来賓，会員約100名近くを集め，教師を中心に組織されて発足した。ここでの目標として，情緒障害者の研究を深め，情緒障害教育の進展を願うとともに，情緒障害者ののぞましい教育措置の促進，福祉の増進，診断や医療等の促進などをあげている。

東京都公立学校情緒障害教育研究会では，「会報みちびき」を発行，毎年定期総会が開催され，講演研修会などが実施されてきた。最近の「みちびき」は平成27年3月で第118号となっている。

2　全国情緒障害教育研究会の発足

都情研は，さらに全国規模へと発展し，全国情緒障害教育研究会（略称「全情研」，初代会長　跡部欣二）となる。その創立総会[28]は，昭和43年5月18日，東京都教育会館にて「大きく情緒障害教育の前進のために」をテーマと

して開催された。

　それ以降，全情研は，年 1 回いずれかの都道府県で研究協議会を開催している。第 1 回は，昭和 43 年 11 月 30 日，12 月 1 日に東京都渋谷区立大向小学校 [29] で講演と研究協議が行われている。第 2 回は昭和 44 年 11 月 28，29 日大阪市立明治小学校 [26] で開催され，公開学習指導，研究発表，分科会などがもたれている。第 3 回は，昭和 45 年 11 月 19，20 日，静岡県にある情短施設「吉原林間学園」[27] で，主題「情緒障害児の教育内容・方法の研究」で開催。全情研は，毎年続けて研究協議会を全国で開催してきている。最近では，平成 26 年（2014）8 月 7 日（木），8 日（金）に第 47 回 全国情緒障害教育研究協議会と第 41 回 兵庫県情緒障害教育研究会 西宮大会が合同で「兵庫大会」を実施している。場所は，関西学院大学で，テーマは「一人ひとりの自立を支える連続した支援の充実をめざして」〜ライフステージに応じた指導・支援・連携のあり方を探る〜となっている。

3　東京自閉症児親の会，全国協議会の発足

　東京における親の会の発足は，数人の自閉症児を持つ親たちが互いに協力する必要を痛感して私的なグループを作ったことがきっかけとなっている。当時，親の会 [16] は，すでに大阪，名古屋，神戸，静岡で結成されていた。それに続いて東京で結成され，それがさらに全国組織にまで発展して全国協議会となった。第 1 回東京自閉症児親の会 [2] は，昭和 42 年 2 月 26 日福祉会館で出席者 170 名あまりで設立大会を開いた（主催者代表 須田初枝，会員数 233 名）。その後，同会は全国組織に向けての活動を開始し，第 1 回全国協議会 [23] は，昭和 42 年 8 月 27 日新大阪ホテルで開催された。

　親の会の機関紙『いとしご』[3]（毎年発行）は，第 15 号までは，「東京自閉症児親の会」の発行であったが，第 16 号からは，発行者を「自閉症児・者親の会全国協議会」と改めており，当時の子どもたちが成長を経てきたことを反映している。

　最近では，『いとしご』第 150 号（2015.1.8）となっており，会の名称は「一般社団法人 日本自閉症協会」と改められている。

文　　献

1 ）自閉症児・者親の会（1969）会報，9 号.
2 ）自閉症児・者親の会全国協議会（1967）いとしご，創刊号.
3 ）自閉症児・者親の会全国協議会（1967 ～ 1988）いとしご，第 1 ～ 22 号.
4 ）国立特殊教育総合研究所情緒障害教育研究部（1998）全国小・中学校情緒障害特殊学
　　級及び通級指導教室についての実態調査報告書.
5 ）文部省（1967）児童生徒の心身障害の状況—児童生徒の心身障害に関する調査報告書：
　　昭和 42 年度.
6 ）文部省初等中等教育局特殊教育課（1965）心身障害児の判別と就学指導.
7 ）文部省初等中等教育局特殊教育課（1966）心身障害児の判別と就学指導—昭和 41 年
　　度講習会テキスト.
8 ）文部省初等中等教育局特殊教育課（1977 ～ 2013）特別支援教育資料.
9 ）大阪市立児童院（1986）事業概要：昭和 61 年度.
10）大阪市立児童院（1982）紀要Ⅲ　創立 20 周年記念.
11）大阪市立明治小学校分校（1969）概要.
12）大阪府教育委員会（1972）月報：4 月〜 3 月.
13）大阪府教育委員会（1987）大阪の養護教育.
14）大阪自閉症児親の会（1966）心の窓，創刊号.
15）大阪自閉症児親の会（1967）心の窓，2，3 号合併.
16）大阪自閉症児親の会（1967）会報第 2 号.
17）大阪自閉症児親の会（1968）「自閉症児の療育に関する陳情書」.
18）千住淳（2012）社会脳の発達. 東京大学出版会.
19）杉並区立堀之内小学校堀之内学級（1969）学級要覧.
20）寺山千代子・東條吉邦（2002）自閉症教育の流れ. 植草学園短期大学紀要，第 3 号.
21）寺山千代子・東條吉邦・長谷川安佐子（1999）情緒障害学級における個別の指導につ
　　いて. 国立特殊教育総合研究所研究紀要，26；137-144.
22）東京都教育庁総務部調査課（1978 ～ 1987）学校統計台帳資料他.
23）東京都教育庁学務部義務教育心身障害教育課（1988）東京都内情緒障害学級：44 年
　　度〜 47 年度の状況.
24）東京公立学校情緒障害児教育研究会（1967）みちびき，創刊号.
25）東京都立教育研究所（1969）自閉症児の教育をめぐって（第 1 報）.
26）全国情緒障害教育研究会（1969）全国情緒障害教育研究協議会大阪大会要項：大阪市
　　立明治小学校.
27）全国情緒障害教育研究会（1970）全国情緒障害教育研究協議会静岡大会要項：静岡県
　　立吉原林間学園.
28）全国情緒障害教育研究会（1968）創立総会記録.
29）全国情緒障害教育研究会（1968）ひこばえ，創刊号.

第2章
養護学校／特別支援学校における
自閉症教育

第1節　養護学校の教育とは

1　養護学校（現　特別支援学校）の目的

　教育に関する法律は，戦後，昭和22年3月31日に，法律第26号として交付され，4月1日より施行に移されている。昭和22年といえば，終戦2年後のことである。最終改正は平成19年6月27日，法律98号となる。学校教育法総則第1条では，「この法律で，学校とは，小学校，中学校，高等学校，中等教育学校，大学，高等専門学校，特別支援学校，幼稚園とする」ことが示されている。

　平成19年の学校教育法の改正により，「養護学校」は「特別支援学校」となった。現在（平成27年），学校名を従来のまま，「養護学校」と使用しているところもある。

　自閉症児の教育は，就学先によって決まるのであるが，ここでは特別支援学校を取り上げてみたい。

　学校教育法の第8章　特別支援教育第72条によると，「特別支援学校は，視覚障害者，聴覚障害者，知的障害者，肢体不自由者又は病弱者（身体虚弱者を含む）に対して，幼稚園，小学校，中学校又は高等学校に準ずる教育を施すとともに，障害による学習上又は生活上の困難を克服し自立を図るために必要な知識技能を授けることを目的とする。」

　第81条には，「幼稚園，小学校，中学校，高等学校及び中等教育学校においては，次項各号のいずれかに該当する幼児，児童及び生徒その他教育上特別の支援を必要とする幼児，児童及び生徒に対し，文部科学大臣の定めるところにより，障害による学習上又は生活上の困難を克服するための教育を行

うものとする。

2 小学校，中学校，高等学校及び中等教育学校には，次の各号のいずれかに該当する児童及び生徒のために，特別支援学級を置くことができる。

一 知的障害者，二 肢体不自由者，三 身体虚弱者，四 弱視者，

五 難聴者

六 その他障害のある者で，特別支援学級において教育を行うことが適当なもの」

とされている。

特別支援学校（養護学校）では，「障害による学習上または生活上の困難を克服し自立を図るために必要な知識技能を授けることを目的とする」ことが中心に置かれている。

2 知的障害養護学校／特別支援学校の学校数，児童生徒数の推移

自閉症の就学先として情緒障害特殊学級，あるいは通常の学校に入学したものの，その後，養護学校が選ばれていく例も多い。養護学校は昭和54年度に義務化された。それまで養護学校は義務化されていなかったのである。養護学校の数をみると，昭和53年度は282校であったが，54年度の義務化の年には400校と数を大きく伸ばしている。平成25年度には，706校になり，児童生徒数は118,225人となっている。ここでは，養護学校から特別支援学校までの学校数と在学者数の推移を表8に示す。

第2節 養護学校の義務化

1 養護学校の義務化と教育内容

自閉症児のための教育の場として，制度的には情緒障害学級が設置されたものの，その後，自閉症児の実際の教育の場としては，養護学校（現，知的障害特別支援学校）が利用されるようになっていった。

特に1979年（昭和54年）の養護学校義務化（養護学校の就学及び設置の義務制の実施）以降，その傾向は顕著となった。それまでは，様々な理由か

表 8　知的障害特別支援学校数，児童生徒数の推移

(各年度 5 月 1 日現在)

年号	学校数	在学者	年号	学校数	在学者
昭和 23	0	0	昭和 56	428	46,755
昭和 24	0	0	昭和 57	431	48,379
昭和 25	1	28	昭和 58	437	48,852
昭和 26	1	40	昭和 59	442	50,486
昭和 27	1	31	昭和 60	453	52,061
昭和 28	1	25	昭和 61	460	52,847
昭和 29	1	不明	昭和 62	466	53,918
昭和 30	1	60	昭和 63	472	54,729
昭和 31	2	不明	平成元	475	54,976
昭和 32	8	690	平成 2	482	54,457
昭和 33	9	866	平成 3	493	53,624
昭和 34	14	1,264	平成 4	498	52,634
昭和 35	18	1,676	平成 5	500	52,145
昭和 36	25	2,437	平成 6	502	51,657
昭和 37	30	3,013	平成 7	501	52,102
昭和 38	36	3,350	平成 8	511	52,102
昭和 39	44	4,026	平成 9	512	52,824
昭和 40	58	4,923	平成 10	514	83,561
昭和 41	65	5,892	平成 11	519	54,987
昭和 42	72	6,617	平成 12	523	67,078
昭和 43	77	7,008	平成 13	525	58,866
昭和 44	89	7,914	平成 14	523	61,243
昭和 45	96	8,584	平成 15	523	63,382
昭和 46	111	9,874	平成 16	528	65,690
昭和 47	122	11,524	平成 17	535	68,328
昭和 48	154	14,650	平成 18	543	71,453
昭和 49	187	17,055	平成 19	592	92,912
昭和 50	201	19,081	平成 20	619	96,924
昭和 51	221	21,449	平成 21	632	102,084
昭和 52	243	23,768	平成 22	656	106,920
昭和 53	282	27,353	平成 23	673	111,468
昭和 54	400	40,422	平成 24	681	115,355
昭和 55	414	43,891	平成 25	706	118,225

文部科学省資料より

ら学校に行けないため就学猶予や就学免除となっていた障害の重い児童生徒たちも，養護学校に就学することが義務付けられ，地方自治体には，養護学校を設置することが義務付けられた。盲学校と聾学校は第 2 次世界大戦後すぐの 1948 年（昭和 23 年）に義務化が実施されていたが，養護学校はかなり

義務化が遅れた。行動の障害や知的障害の重いタイプの自閉症児の保護者たちは，養護学校義務化以降，就学先として知的障害養護学校を選ぶようになった。

養護学校が選ばれる理由としては，児童生徒数に対する教員の数が養護学校では多いこと，専門性の高い教員が多いこと，児童生徒に分かりやすい指導を展開し，基本的生活習慣，健康・体力面での向上，認知・コミュニケーション能力の向上，就労に向けての指導に努めていることなどが保護者に理解されていった結果と思われる。また，知的障害養護学校の側でも，自閉症の児童生徒の在籍数の増加に対応し，自閉症の障害特性に応じた教育に取り組む学校が徐々に増えていった。

なお，こうした公立の学校以外で，早くから自閉症児の教育に取り組んできたものに，三重県立高茶屋病院あすなろ学園がよく知られている。また，自閉症児と定型発達の児童とを「混合教育」することを目的として，1977年(昭和52年)には学校法人武蔵野東学園武蔵野東小学校が開設されている。「混合教育」とは，現在の言葉で表現すれば，統合教育（インテグレーション），あるいはインクルーシブ教育といえよう。

2　就学猶予と就学免除

養護学校の義務化により，従来は就学猶予・免除されていた児童生徒が，養護学校に就学を義務づけられることになった。義務については，学校教育法「第2章 義務教育」「16条，17条，18条」に示されている。

戦後，身体に重度の障害のある場合は，就学猶予・免除の適用は当然のように考えられてきた。それは，昭和22年度からの推移を表9に示してみると明らかである。

しかし，昭和54年度に養護学校が義務化したことで，昭和54年度には，就学免除者・就学猶予者を合わせると3,367人と急激に減少している。昭和48年度は17,803人，昭和49年度は14,931人，昭和50年度は13,088人，昭和51年度は11,946人，昭和52年度は10,750人，昭和53年度は9,868人で，昭和54年度には3,367人と減少している。

平成18年度になると，一時期，減少の傾向にあったが，少し増加の傾向

表9　就学免除者・就学猶予者数の推移

(各年度5月1日現在)

区　分	就学免除者 6～11歳	12～14歳	合　計	区　分	就学猶予者 6～11歳	12～14歳	合　計
昭和23	4,595	1,488	6,083	昭和23	26,372	5,263	31,635
昭和24	4,631	1,935	6,566	昭和24	24,497	3,081	27,578
昭和25	4,206	1,922	6,128	昭和25	24,956	2,888	27,844
昭和26	3,735	1,819	5,554	昭和26	21,569	2,266	23,835
昭和27	4,759	2,662	7,421	昭和27	18,659	2,372	21,031
昭和28	4,062	2,241	6,303	昭和28	22,660	2,385	25,045
昭和29	5,216	2,468	6,684	昭和29	24,319	2,386	26,705
昭和30	4,241	2,187	6,428	昭和30	23,697	2,505	26,202
昭和31	4,919	2,305	7,224	昭和31	22,463	2,578	25,041
昭和32	5,757	2,290	8,047	昭和32	20,736	1,858	22,594
昭和33	6,400	2,076	8,476	昭和33	19,310	1,463	20,773
昭和34	6,811	2,074	8,885	昭和34	17,757	1,415	19,172
昭和35	6,786	2,401	9,187	昭和35	16,208	1,603	17,811
昭和36	6,665	3,085	9,750	昭和36	14,946	1,699	16,645
昭和37	6,388	3,329	9,717	昭和37	13,305	1,718	15,023
昭和38	6,389	3,670	10,059	昭和38	12,229	1,642	13,871
昭和39	6,121	3,545	9,666	昭和39	11939	1,636	13,575
昭和40	6,182	3,503	9,685	昭和40	11,216	1,482	12,698
昭和41	5,957	3,435	9,392	昭和41	10,953	1,685	12,638
昭和42	6,129	3,298	9,427	昭和42	10,121	1,555	11,676
昭和43	6,178	3,232	9,410	昭和43	9,487	1,512	10,999
昭和44	6,426	3,335	9,761	昭和44	9,604	1,576	11,180
昭和45	6,502	3,268	9,770	昭和45	9,811	1,702	11,513
昭和46	6,222	3,214	9,436	昭和46	9,965	1,866	11,831
昭和47	5,716	3,331	9,047	昭和47	8,950	1,856	10,806
昭和48	4,818	3,163	7,981	昭和48	7,843	1,979	9,822
昭和49	4,007	2,733	6,740	昭和49	6,400	1,791	8,191
昭和50	3,262	2,322	5,584	昭和50	5,726	1,778	7,504
昭和51	2,842	2,123	4,965	昭和51	5,344	1,637	6,981
昭和52	2,356	1,807	4,163	昭和52	5,016	1,571	6,587
昭和53	2,040	1,572	3,612	昭和53	4,752	1,504	6,256
昭和54	544	419	963	昭和54	1,748	656	2,404
昭和55	414	300	714	昭和55	1,362	518	1,880
昭和56	321	207	528	昭和56	1,329	462	1,791
昭和57	255	165	420	昭和57	1,163	563	1,726
昭和58	224	130	354	昭和58	999	562	1,561
昭和59	133	89	222	昭和59	641	405	1,046
昭和60	120	83	203	昭和60	619	566	1,185
昭和61	85	94	179	昭和61	533	750	1,283
昭和62	94	84	178	昭和62	498	655	1,153
昭和63	103	86	189	昭和63	489	623	1,112

第 2 章　養護学校／特別支援学校における自閉症教育　37

表9　つづき

(各年度5月1日現在)

区　分	就学免除者			区　分	就学猶予者		
	6〜11歳	12〜14歳	合　計		6〜11歳	12〜14歳	合　計
平成元	122	96	218	平成元	475	550	1,025
平成2	128	95	223	平成2	476	539	1,015
平成3	149	120	269	平成3	496	440	939
平成4	180	103	283	平成4	529	412	941
平成5	233	108	341	平成5	581	414	995
平成6	256	123	379	平成6	633	444	1,077
平成7	283	110	393	平成7	661	457	1,118
平成8	332	138	470	平成8	659	460	1,119
平成9	340	155	495	平成9	626	440	1,066
平成10	355	141	496	平成10	708	507	1,215
平成11	427	189	616	平成11	623	472	1,095
平成12	486	213	699	平成12	640	470	1,110
平成13	521	233	754	平成13	729	441	1,170
平成14	563	248	811	平成14	799	388	1,187
平成15	693	242	935	平成15	880	399	1,279
平成16	724	266	990	平成16	897	374	1,271
平成17	872	296	1,168	平成17	903	365	1,268
平成18	989	325	1,314	平成18	986	365	1,351
平成19	1,107	368	1,475	平成19	1,059	379	1,438
平成20	1,225	414	1,639	平成20	1,095	410	1,505
平成21	1,297	480	1,777	平成21	1,165	394	1,559
平成22	1,473	561	2,034	平成22	1,245	407	1,652
平成23	1,562	649	2,211	平成23	1,229	454	1,683

文部科学省資料より

表10　平成23年度不就学内訳

免除・猶予別	免除者			猶予者			総　計
年齢区分	6〜11歳	12〜14歳	合　計	6〜11歳	12〜14歳	合　計	
平成23年度	1,562	649	2,211	1,229	454	1,683	3,894
視覚障害・弱視	−	−	−	−	−	−	−
聴覚障害・難聴	−	−	−	1	−	1	1
肢体不自由	1	1	2	6	2	8	10
病弱・虚弱	1	−	1	36	1	37	38
知的障害	−	−	−	7	−	7	7
児童自立支援施設または少年院にいるため	1	26	27	5	44	49	76
その他	1,559	622	2,181	1,174	407	1,581	3,763

文部科学省資料より

になっている。内訳をみると，知的障害により就学猶予者は7人であるが，児童自立支援施設や少年院の人数は76人となっており，今後の動向が懸念

される。この数の中に，自閉症，特にアスペルガー症候群の人が含まれているかどうかが気にかかる。

　この内訳をみると，免除・猶予者の中に「自閉症」あるいは「発達障害」という見出しはないが，おそらく知的障害枠でカウントされているとすれば，総計 7 人に過ぎず，現在では，ほとんどの児童生徒は教育を受けていることになる。

　しかし，「児童自立支援施設又は少年院にいるため」（76 人），あるいは「その他」（3,762 人）と数が多く，この中に自閉症，あるいは発達障害児がいないことを願うばかりである。

　このことについて，月刊誌『刑政』の中の市川宏伸氏の「最近の子どもと少年矯正への期待」[1] で取り上げている。

　すでに受刑している成人に，かつての担当者が訪れて，刑務所の生活を聞いたところ，生活が時間どおりなので過ごしやすいと答えたという。この報告を聞き，「自閉症の特性」を知らされた思いがした。今後の彼らの生き方はつらい事も多いと思われるが，再度，罪を犯さないように生活支援などを地域社会の中でしっかり見守る必要がある。

3　訪問教育

　養護学校が義務化されると，通学に困難を示す児童生徒に教育を行うために，訪問教育が実施されるようになった。義務化と同時に，昭和 54 年度から実施されている。それ以前からも試行的に実施されていた。

　訪問教育とは，学校に登校できない児童生徒のために，特別支援学校の教員が家庭，あるいは児童施設，医療機関などを訪問して行う教育を指している。

　当初は，小学部，中学部を対象としていたが，高等部の訪問教育については，「特殊教育の改善・充実に関する調査研究協力者会議」（平成 9 年 1 月）の第 1 次報告を受けて，平成 9 年度より実施に移されている。

　自閉症，あるいは発達障害児は，移動に困難を示すとは考えにくいが，重度・重複障害児の中に自閉症を伴っている者があると報告されている。表 11 を参考にすると，移動に困難を示している児童生徒の数の多いことに驚かされる。

表11　訪問教育対象児童生徒数の推移（特別支援学校小・中・高等部）
　　　　──国・公・私立計

区　分	小学部	中学部	小・中学部合計	高等部
	人	人	人	人
昭和63年度	3,049	2,095	5,144	−
平成元年度	2,867	1,803	4,670	−
2	2,742	1,564	4,306	−
3	2,587	1,446	4,033	−
4	2,501	1,322	3,823	−
5	2,381	1,228	3,609	−
6	2,162	1,134	3,296	−
7	2,021	1,104	3,125	−
8	1,916	1,061	2,977	−
9	1,815	1,069	2,884	164
10	1,685	1,000	2,685	473
11	1,602	965	2,567	752
12	1,548	949	2,497	878
13	1,494	894	2,388	895
14	1,468	812	2,280	1,012
15	1,447	803	2,250	1,038
16	1,444	816	2,260	936
17	1,442	793	2,235	934
18	1,473	812	2,285	923
19	1,428	739	2,167	906
20	1,399	768	2,167	957
21	1,416	767	2,183	942
22	1,394	834	2,228	894
23	1,428	826	2,254	931

※高等部の平成9〜12年度は各年度4月1日現在。その他の学部・年度は各年度5月1日現在。

第3節　特別支援教育への転換と自閉症教育

1　特殊教育から特別支援教育へ

　第2次世界大戦直後から我が国では，障害のある児童生徒に対しては，その障害の種類や程度等に応じて，特別な教育の場（盲学校，聾学校，養護学校，特殊学級）を設けて「特殊教育」を実施し，指導を展開してきた。対象は全学齢児童生徒数の1％前後で推移した。

　20世紀末になり特殊教育が充実するにつれ，我が国では，特殊教育で指導を受ける児童生徒数が増加し，全学齢児童生徒数の約1.5％に近づくとともに，障害の重度化，重複化，多様化等による質的な複雑化が進行した。ま

た，LD や ADHD への教育的支援の必要性も唱えられるようになり，障害のある児童生徒の指導には，専門性の一層の向上が求められるようになった。

さらに，世界的な流れとなった障害のある児童生徒への IEP（個別教育計画）の作成，ノーマライゼーション，インクルージョン教育への対応，WHO の障害観の変化（ICIDH から ICF へ）などが背景となり，新しい教育システムを構築する必要性が生じた。

この新教育システムの構築にあたって，2000 年（平成 12 年）の 5 月に「21世紀の特殊教育の在り方に関する調査研究協力者会議」が文部省に設置され，学校関係者・有識者による検討が開始された。そして翌年 1 月に「21 世紀の特殊教育の在り方について（最終報告）」[2] が公表された。新システムでは，「一人一人の教育的ニーズを基に支援する」という考え方が特に重要であるということを強調する目的で，この報告書には，「〜一人一人のニーズに応じた特別な支援の在り方について〜」という副題が付けられた。そしてこの新システムを「特別支援教育：Special Needs Education」と呼ぶこととなり，文部省の「特殊教育課」は，2001 年 1 月に「特別支援教育課」と名称変更された。

なお，「21 世紀の特殊教育の在り方について（最終報告）」では，①自閉症は中枢神経系の機能不全による発達障害とされていることを指摘し，心因性の情緒障害児とは異なる教育的対応が必要であること，② ADHD，LD，高機能自閉症などの判断基準を明確にすること，③ ADHD，LD，高機能自閉症などの指導を担当する教員の専門性を高めるとともに，指導方法等に関する研究の実施が必要であること，④ ADHD，LD，高機能自閉症などについて教育関係者や国民への理解啓発に努めることなどが提言された。

2　特別支援教育構築に向けての文部科学省の諸施策

上述した「21 世紀の特殊教育の在り方について（最終報告）」[2] の提言を具体化するために，文部科学省は 2001 年（平成 13 年）10 月に「特別支援教育の在り方に関する調査研究協力者会議」を設置した。

この協力者会議には，「障害種別の枠を超えた盲・聾・養護学校に関する作業部会」と「小・中学校等における特別支援教育に関する作業部会」が置

かれ，前者の部会の検討課題は，①盲・聾・養護学校の名称の見直し，②障害種別の枠を超えた教育課程，指導体制，組織運営，施設設備等について，③地域のセンター的機能の充実について，④養護学校における自閉症の指導の在り方などであり，後者の部会の検討課題は，① ADHD 児，高機能自閉症児等の実態について，② ADHD，高機能自閉症等の定義，判断基準，実態把握の体制について，③ ADHD，高機能自閉症等への指導方法，指導の場について，④特殊学級の名称の見直し，⑤学校全体としての支援体制の充実方策などであった。また，この会議と並行して，前述した「特別支援教育に関する調査研究会」による通常の学級の児童生徒を対象にした全国実態調査が実施された。

　2003 年（平成 15 年）3 月には，この協力者会議から「今後の特別支援教育の在り方について（最終報告）」が公表され，その提言に沿って，同年 4 月には，文部科学省の「特別支援教育推進体制モデル事業」が開始された。この事業は全国 47 都道府県にて実施（一定地域を総合推進地域として指定）され，LD, ADHD, 高機能自閉症の定義，判断基準等の有効性の検証とともに，校内委員会，特別支援教育コーディネーター，巡回相談の実践などを通して，LD, ADHD, 高機能自閉症等の児童生徒に対する総合的な教育推進体制の整備を目的とした。また，総合推進地域には専門家チームが置かれ，巡回相談では，専門家が小・中学校教員に対して助言を行い，指導法の確立を目指した。

　2004 年（平成 16 年）1 月には，文部科学省から「小・中学校における LD, ADHD, 高機能自閉症の児童生徒への教育支援体制の整備のためのガイドライン（試案）」が公表された。このガイドラインは，全国の小・中学校のすべてに配布され，発達障害児への支援に関する校内研修会が全国的に開催されるようになり，教師の意識改革が進み始めた。

　2005 年（平成 17 年）4 月の発達障害者支援法の施行にあわせて，前記のモデル事業は，「特別支援教育体制推進事業」に移行し，モデル事業の時代より予算額が増加され，新規事業として，乳幼児から就労に至るまでの一貫した支援体制の整備（幼稚園および高等学校も含めた支援体制の整備）が着手された。さらに 2007 年度（平成 19 年度）には，新たに「発達障害早期総

合支援モデル事業」と「高等学校における発達障害支援モデル事業」がスタートした。

　さらに 2008 年度（平成 20 年度）からは，「発達障害等支援・特別支援教育総合推進事業」が「特別支援教育体制推進事業」の後継事業として開始され，予算額も増額されている。しかし，文部科学省全体の予算に占める割合は小さく，校内委員会の設置や特別支援教育コーディネーターの指名自体は，全国的に進んだものの，実質的な支援体制の構築，効果的な支援の実施には，まだかなりの距離があるというのが実態である。

　しかし，これらの文部科学省による一連の施策や事業を通して，一般の教師のあいだでは，それまでほとんど知られていなかった高機能自閉症やアスペルガー症候群という用語や，それらの障害の特徴の一端は，多くの教師が周知するようになってきた。

　一方，特別支援教育制度の法的な整備を目的として，2005 年（平成 17 年）12 月に中央教育審議会から，「特別支援教育を推進するための制度の在り方について（答申）」が出され，この答申に沿って，2006 年（平成 18 年）6 月に「学校教育法の一部を改正する法律」が公布された。この法律は，2007 年（平成 19 年）4 月から施行され，盲学校，聾学校，養護学校は「特別支援学校」に，特殊学級は「特別支援学級」に制度上の名称が変更された。

3　特別支援教育に関する学習指導要領の改訂と自閉症教育

　学校教育の内容・方法は，学習指導要領に定められており，特別支援学校は，特別支援学校学習指導要領によって教育が行われている。これまで，自閉症児のための指導の内容・方法については，特に定められてはいなかったが，障害児の一般的な特性を考慮した指導内容として，養護学校の学習指導要領には「養護・訓練」が定められていた。

　養護・訓練は児童生徒の心身の障害の状態を改善・克服するために必要な知識，技能，態度及び習慣を養い，もって心身の調和的発達の基盤を培うことを目標として 1971 年（昭和 46 年）に創設され，1989 年（平成元年）の改訂では，5 本の柱「①身体の健康，②心理的適応，③環境の認知，④運動・動作，⑤意思の伝達」で養護・訓練が構成された。

そして，1999 年（平成 11 年）の学習指導要領の改訂では，児童生徒が自立を目指し，障害に基づく種々の困難を主体的に改善・克服するために必要な知識，技能，態度及び習慣を養い，もって心身の調和的発達の基盤を培うことを目標として，「自立活動」へと名称が変更された。また 5 本の柱は 5 つの区分として「①健康の保持，②心理的な安定，③環境の把握，④身体の動き，⑤コミュニケーション」に改められた。その内容については，具体的にイメージしやすくなるよう 22 の項目で示された。

　さらに，2005 年（平成 17 年）12 月の中央教育審議会の答申を受け，2009 年（平成 21 年）3 月に学習指導要領の改訂が公示された。今回の学習指導要領の改訂では，これまでの 5 つの区分に，新たに「人間関係の形成」が加えられ 6 区分となり，自閉症の特性に沿った内容が含まれることとなった。また，高機能自閉症等の児童生徒に対する特別の場での指導・支援を制度的に位置付けたのも今回の改訂の特徴である。なお，「人間関係の形成」の区分では，「ア．他者とのかかわりの基礎に関すること」，「イ．他者の意図や感情の理解に関すること」，「ウ．自己の理解と行動の調整に関すること」，「エ．集団への参加の基礎に関すること」の 4 つの項目が示されている。

　また，文部科学省では，特別支援学校や小・中学校等の特別支援教育に関する教育課程の編成や学習指導の方法等について実践研究を行うとともに，各学校における特別支援教育の改善・充実を図ることを目的として，2007 年度（平成 19 年度）から，5 年計画で「特別支援学校等における指導充実事業」をスタートさせているが，この事業の中で，自閉症についての正しい理解や障害特性等に応じた教育的な支援について検討するため，2009 年度（平成 21 年度）より，自閉症の特性に応じた教育課程の編成，自閉症の児童生徒一人一人の特性に対応した指導内容・方法等の工夫など教育課程の在り方について調査研究を実施することとなっている。

　文部科学省は，これまでにも，養護学校教員の専門性向上モデル事業などを通して，自閉症の教育研究を実施しており，2004 年（平成 16 年）4 月には，それまでは重度重複障害の教育研究を実施していた国立久里浜養護学校を，自閉症の教育研究を実施する学校（筑波大学附属久里浜養護学校）に変えるなどの取り組みを行ってきたが，特別支援教育の構築に向けての最近の

44　第Ⅰ部　我が国における自閉症教育

表12　自閉症スペクトラム教育の流れ

	自閉症スペクトラム教育
1968 (S43)	全国情緒障害教育研究会の発足
1969 (S44)	我が国初の情緒障害特殊学級の開設（東京都杉並区立堀之内小学校の堀之内学級）
1971 (S46)	国立特殊教育総合研究所開所（現，独立行政法人国立特別支援教育総合研究所）
1977 (S52)	学校法人武蔵野東学園武蔵野東小学校で自閉症児の混合教育が始まる
1978 (S53)	「軽度心身障害児の学校教育の在り方について」（文部省）
1979 (S54)	養護学校（現，特別支援学校）の義務化
1989 (H1)	盲学校，聾学校及び養護学校の学習指導要領の改訂
1993 (H5)	通級による指導の制度化
1997 (H9)	特殊教育の改善・充実について（第一次報告・第二次報告）
1999 (H11)	盲学校，聾学校及び養護学校の学習指導要領の改訂（自立活動・個別の指導計画）
2001 (H13)	中央省庁の再編「文部科学省」に，「特殊教育課」が「特別支援教育課」に名称変更 「21世紀の特殊教育の在り方について（最終報告）」
2002 (H14)	通常の学級に在籍する特別な教育支援を必要とする児童生徒に関する全国実態調査
2003 (H15)	「今後の特別支援教育の在り方について（最終報告）」（個別の教育支援計画・特別支援教育コーディネーター） 「特別支援教育推進体制モデル事業」（文部科学省）47都道府県でスタート
2004 (H16)	国立久里浜養護学校が筑波大学附属久里浜養護学校となる（国立初の自閉症学校） 「小・中学校におけるLD（学習障害），ADHD（注意欠陥／多動性障害），高機能自閉症の児童生徒への教育支援体制の整備のためのガイドライン（試案）」
2005 (H17)	特別支援教育体制推進事業（文部科学省）スタート，「発達障害のある児童生徒への支援について」（通知），発達障害者支援法
2006 (H18)	学校教育法等の一部を改正する法律の公布（平成19年4月1日施行） 学校教育施行規則の改正—通級による指導の対象を，LD，ADHDへと拡大
2007 (H19)	「LD（学習障害），ADHD（注意欠陥／多動性障害），高機能自閉症等」の表現を「発達障害」とする 発達障害早期総合支援モデル事業，高等学校における発達障害支援モデル事業スタート
2009 (H21)	特別支援学校の学習指導要領の改訂 「情緒障害特別支援学級」の名称を「自閉症・情緒障害特別支援学級」とする
2012 (H24)	通常の学級に在籍する発達障害の可能性のある特別な教育的支援を必要とする児童生徒に関する調査結果について

　一連の施策では，自閉症教育の充実に向けての制度改正やモデル事業がかなり増えてきている。

　表12には，こうした制度改正を中心に自閉症スペクトラム教育の流れを示した。

第4節　特別支援学校（知的障害）の
教育課程の編成

1　特別支援学校（知的障害）の教育課程の編成

　特別支援学校（知的障害）には，小学部，中学部，高等部があり，教育課程が定められている。知的障害を主とした特別支援学校では，特別支援学校で示されている教育課程とは別に，知的障害の特性に合った独自の教科や目標や内容が示されている。

　個々のニーズにあった指導を展開するために，「各教科，道徳，特別活動，自立活動，総合的な学習の時間」を適切に組み合わせて，指導が出来るようになっている。

　具体的には，「教科別の指導，領域と教科を合わせた指導，領域別の指導，総合的な学習」となる。領域別とは，「道徳，特別活動，自立活動」となっており，特に自立活動を重視している。また，自立活動は，かつての「養護・訓練」を経て，自立活動となっている。内容も自閉症の特性を反映して修正されてきている。

2　最近の動向

1）特別支援学校における自閉症児の割合

　特別支援教育の導入に伴い，かつての障害別の養護学校から他の障害を合わせた特別支援学校となっている。つまり知的障害と肢体不自由の学校を合わせた学校になっているところもある。人口の多いところでは，単独の障害の学校も作られるが，人口の少ないところでは，障害を合わせた学校となっている。

　特別支援学校の児童生徒の障害別に割合をみると，知的障害特別支援学校では，自閉症児はかなりの割合になっているといわれている。実際，ある地区の特別支援学校の在籍者の併せもつ障害の状況として，210名ほどの児童生徒に対して100名の自閉症（自閉的傾向を含む）が在籍している。一般に，30％～50％といわれているのも頷ける。特に，特別支援学校の高等部への入学者が多く，ある学校では空いた部屋がない状況といわれている。

46　第 I 部　我が国における自閉症教育

表 13　特別支援学校中学部及び中学校特別支援学級卒業者の高等部への進学率の
　　　　推移——国・公・私立計（各年 3 月卒業者）

55 年	60 年	2 年	7 年	13 年	14 年	15 年	16 年	17 年	18 年	19 年	20 年	21 年	22 年	23 年
49.9 %	56.7 %	66.8 %	81.2 %	94.5 %	94.4 %	95.8 %	95.1 %	95.8 %	96.9 %	97.4 %	97.0 %	97.8 %	97.5 %	98.2 %

　ちなみに，平成 25 年度の特別支援学校（知的障害）の学部別の人数をみると，幼稚部 63 人，小学部 18,724 人，中学部 16,075 人，高等部 40,154 人となっており，高等部の人数が他の学部より多い。その理由として，自閉症，あるいは発達障害の生徒たちの進学先が少ない現状だと考えられる。中学部からの進学先を見ると，ほとんどが高等部であり，中学部からの進学に加え，外部から進学者が多いことが分かる。かつては進学者の少ない時代があったことが表 13 から読み取れる。最近は，表 13 によると，中学部，中学特別支援学級の生徒のほとんどが，高等部に進学していることが分かる。

　今後，発達障害児のための後期中等教育が充実していくことを期待したい。

文　　献
1 ）市川宏伸（2011）最近の子どもと少年矯正への期待．刑政，122.
2 ）文部科学省（2011）21 世紀の特殊教育の在り方について（最終報告）．

※「特別支援学校学習指導要領」については，パソコンからダウンロードできます。

第3章
「通級による指導」の実現

第1節 「通級による指導」とは

1 「通級による指導」の制度化に向けて

　前述したように,1969年(昭和44年)の情緒障害特殊学級の開設当初から,教員や保護者のあいだには「通級制」による自閉症児の教育を望む声も多かったが,通級は制度化されないまま1992年度(平成4年度)まで,いわゆる「固定制」と「固定制＋通級制の併用」のいずれかの形態で,情緒障害特殊学級での指導が続けられてきた。このことは,文部省の1988年(昭和63年)における「特殊学級教育課程実施状況等調査」にもみることができる。「固定式」というのは情緒障害学級でほぼ全日の指導を年間を通して受けるものであり,「通級方式」というのは,児童生徒が通常の学級で指導を受けながら,情緒障害特殊学級へ特定の曜日,時間に通って特別の指導を受けるものである。

　通級制度に関しては1987年(昭和62年)の臨時教育審議会の「教育改革に関する第3次答申」で,その実施の必要性が提言された。1990年(平成2年),文部省は「通級学級に関する調査研究協力者会議」を設置し,通級による指導の実施に当たっての具体的な課題等について検討を行い,同調査研究協力者会議の審議のまとめを受けて,省令改正等の制度面の整備が図られ,1993年(平成5年)4月から実施に移された。なお,通級による指導の対象とすることが適当な児童生徒として,「情緒障害者」の項に「自閉,かん黙等情緒障害のある者で,通常の学級での学習に概ね参加でき,一部特別な指導を必要とするもの」と示されている。

　通級による指導では,個別指導を中心として,必要に応じて,小集団指導を組み合わせることが適当であるとされている。通級による指導は,個別指

導が中心となることから，原則として，特殊学級（情緒障害特殊学級）における指導とは別に行うことが適当であるとされ，新たに情緒障害通級指導教室が設置されるようになった。

2 「通級による指導」に関する教師の意識

平成5年度より「通級による指導」が制度化され，実施に移された。この時点での教師の受け止め方を調査し，今後の発展のための資料を得たいと考えた。

この調査は，「通級による指導」が実施された翌年（平成6年）にまとめられたものである[2]。

調査に協力いただけた教師は小・中学校（特殊学級），養護学校などに勤務する教師45名（男30名，女15名）で，通級による指導に関する意識について，質問紙により回答を得た。結果は，表14のとおりである。

「通級による指導」が実施されたことについての質問に対しての結果を次に示す。

この調査の結果から，教師の受け止め方も様々であることが分かる。親にとっての「通級による指導」について，「とても喜んでいる／喜んでいる」が60%と高く評価されている。

第2節　通級指導教室と児童生徒数の推移

1 通級指導教室で指導を受けている児童生徒数の推移

図3には，1993年度（平成5年度）以降の情緒障害通級指導教室で指導を受けている児童生徒数の推移を示す。2006年度（平成18年度）より，情緒障害の枠が情緒障害と自閉症に分かれたことにより，平成18年度のグラフが2つに分かれて示されることになった。

18年度以降の自閉症児のみの利用者数を図4に示すと，小学校の児童の利用が多いことが分かる。

表 14　通級による指導に関する意識について

「通級による指導」について

項　目	人　数	（％）
とても良い	4	8.9
良い	22	48.9
普通	8	17.8
あまり良くない	5	11.1
良くない	2	4.4
わからない	4	8.9
計	45	100.0

教師からみた親の受け止め方

項　目	人　数	（％）
とても喜んでいる	5	11.1
喜んでいる	22	48.9
普通	8	17.8
あまり喜ばない	4	8.9
喜ばない	1	2.2
わからない	5	11.1
計	45	100.0

目安とされた人数について

項　目	人　数	（％）
多い	33	73.3
普通	7	15.6
少ない	0	0.0
わからない	5	11.1
計	45	100.0

教師からみた児童生徒の受け止め方

内　容	人　数	（％）
とても喜んでいる	2	4.4
喜んでいる	23	51.2
普通	11	24.5
あまり喜ばない	2	4.4
喜ばない	2	4.4
わからない	5	11.1
計	45	100.0

通級による指導で得られるもの

項　目	人　数	（％）
子どもが得るもの	100	54.9
親が得るもの	24	13.2
教師が得るもの	18	9.9
教育全体として得るもの	38	20.9
その他（連携）	2	1.1
計	182	100.0

指導教室の増加について

項　目	人　数	（％）
増加していく	24	53.3
あまり増加しない	8	17.8
わからない	13	28.9
計	45	100.0

通級による指導の指導内容について

内　容	人　数	（％）
養護・訓練	56	45.5
認知・言語の指導	25	20.3
教科の補充	13	10.5
音楽，図工，美術	6	4.9
運動，体育，リズム	6	4.9
遊び	5	4.1
その他	5	4.1
学習の態勢	4	3.3
親への指導	3	2.4
計	123	100.0

どのような形態で発展するのか

内　容	人　数	（％）
学校単位で	16	35.6
地区あるいは市町村で	20	44.4
必要に応じて	8	17.8
わからない	1	2.2
計	45	100.0

設置の場所について

項　目	人　数	（％）
通常の学級と一緒に	10	22.2
通常の学級の一角に	30	66.7
全く別の場所に	4	8.9
わからない	1	2.2
計	45	100.0

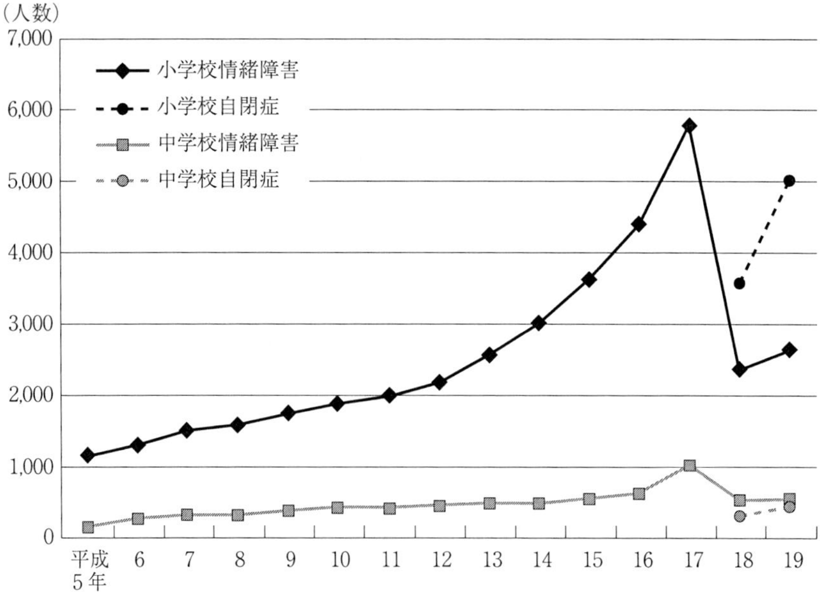

50　第Ⅰ部　我が国における自閉症教育

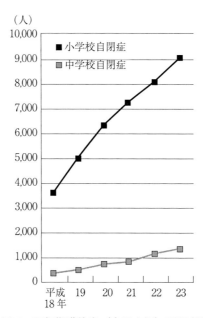

図3　通級による指導を受けている児童生徒数の推移

図4　通級指導教室（自閉症児）利用者数

2　平成 11 年度の調査結果から

　国立特殊教育総合研究所分室では，平成 11 年に「通級指導教室」を対象とした調査を，東條・寺山・紺野で行っている。

　国立特殊教育総合研究所分室が平成 11 年度に実施した調査から，情緒障害通級指導教室は全国の 132 の小学校に設置されており，通級による指導を受けている児童の障害別構成比率は，自閉症あるいは自閉的傾向が約 3 割と最も高いことが示されている。東條・寺山・紺野（1999）[4] の報告から，情緒障害通級指導教室における個別の指導は全国の 98％の小学校で実施され，個別の指導計画も 88％の小学校で作成されていることが明らかになっている。また，寺山・東條・長谷川（1999）[3] による首都圏近郊の情緒障害特殊学級の調査からは，児童の障害別構成比率は自閉症あるいは自閉的傾向が 51％と過半数を占めること，個別の指導は 94％の小学校で実施され，個別の指導計画も 85％の小学校で作成されていることが明らかになっており，特殊教育において，個に応じた指導が重視されつつあることがうかがえる。

　しかし，通級指導教室で指導を受けている自閉症児は，そこでの指導時間以外は，通常の学級で指導が行われている。実際，東條ら（1999）[4] の全国調査によれば，自閉症児一人当りの通級指導教室での指導時間の平均値は週 4.6 時間（内，個別の指導時間は，2.3 時間）と報告されている。

3　「通級による指導」を受けている対象児の障害の明確化

　文部科学省は，平成 18 年 4 月 1 日の省令がだされる前に，平成 18 年 3 月 31 日付，文部科学省初等中等教育局長より，「通級による指導の対象とすることが適当な自閉症者，情緒障害者，学習障害者又は注意欠陥多動性障害者に該当する児童生徒について（通知）」を出している。その中で，「障害の種類及び程度」について，

　「ア　自閉症者　自閉症又はそれに類するもので，通常の学級で学習におおむね参加でき，一部特別な指導を必要とする程度のもの

　イ　情緒障害者　主として心理的な要因による選択性かん黙などがあるので，通常の学級で学習におおむね参加でき，一部特別な指導を必要とする程度のもの」

と示されており，従来の情緒障害から自閉症を分離したことになる。

そこで，通級による対象児を文部科学省は，「学校教育法施行規則の一部を改正する省令」（平成 18 年 4 月 1 日施行）により，次のように示している。

従来の通級による指導の対象児は，「第 1 号　言語障害者，第 2 号　情緒障害者（自閉症等，選択性かん黙等），第 3 号　弱視者，第 4 号　難聴者，第 5 号　その他，心身に障害のある者で，本項の規定により特別支援教育の教育課程による教育を行うことが適当なもの」となっていたが，改正では，「第 1 号　言語障害者，第 2 号　自閉症者，第 3 号　情緒障害者（選択性かん黙等），第 4 号　弱視者，第 5 号　難聴者，第 6 号　学習障害者，第 7 号　注意欠陥多動性障害者，第 8 号　心身に障害のある者で，本項の規定により特別支援教育の教育課程による教育を行うことが適当なもの」となり，下線の障害が加えられている。これらの対象児は，多くの時間を通常の学級で指導を受け，決められた曜日・時間に通級による指導を受けている。

昭和 44 年の「情緒障害特殊学級」誕生の当初から，自閉症が情緒障害はおかしいといわれながら，平成 18 年まで続けられたことは，「自閉症」にとっては長い道のりだったといえよう。

平成 28 年 4 月 1 日（全都，順次導入）より，東京都[5]では通級指導教室に児童生徒が保護者とともに通級するのではなく，教師が児童生徒のいる学校に出向くことになった。「情緒障害等通級指導学級」から「特別支援教室」に変わることとなった。

このことは大きな発想の転換であり，どのような成果があがるのかは今後の課題である。

文　献

1）文部科学省（2012）通級による指導の手引. 佐伯印刷.
2）寺山千代子（1994）通級による指導（情緒障害）の実施に関する教師の意識. 日本特殊教育学会第 32 回大会発表論文集 ; 606-607.
3）寺山千代子・東條吉邦・長谷川安佐子（1999）情緒障害学級における個別の指導について. 国立特殊教育総合研究所研究紀要, 26 ; 137-144.
4）東條吉邦・寺山千代子・紺野道子（1999）通級指導教室の動向とその分析（2）―情緒障害通級指導教室における個別指導の実態を中心に. 国立特殊教育総合研究所研究紀要, 26 ; 129-136.
5）東京都教育委員会（2015）特別支援教室の導入ガイドライン.

第4章
通常の学級における指導

第1節　通常の学級での指導

1　通常の学級に在籍する児童生徒

　自閉症児の教育の場として，情緒障害特殊学級，養護学校／特別支援学校，「通級による指導」と，広がりをみせてきた。

　保護者の方たちの希望の多い「通級による指導」を受ける児童生徒は，「通常の学級で学習におおむね参加でき，一部特別な指導を必要とする程度のもの」とされている。

　となると保護者が「通級指導教室」を望む場合は，通常の学級に在籍する必要がある。巡回指導員として，あるいは学級訪問をさせていただくと，多様な児童生徒が通常の学級に在籍していることが分かる。また，近年，「共生社会」の情報が多くなってきていることから，従来の分離をした教育から，統合した教育への意識が保護者にも高くなってきている。

　共生社会の形成に向けて，中央教育審議会初等中等教育分科会では，「共生社会の形成に向けたインクルーシブ教育システム構築のための特別支援学校支援教育の推進（報告）」を平成24年7月23日に出している。ここでは，「1 共生社会の形成に向けて，(1) 共生社会の形成に向けたインクルーシブ教育システムの構築，(2) インクルーシブ教育システムの構築のための特別支援教育の推進，(3) 共生社会の形成に向けた今後の進め方」を取り上げている。この報告の以前から，「共生社会」という用語はしばしば目にするようになってきた。

2　通常の学級の教育課程

　現在，用いられている「小学校学習指導要領」，「中学校学習指導要領」は，

平成20年3月に出されている。教育課程については，学習指導要領にくわしく述べられ，授業時数も示されている。授業時数の一単位時間は，45分となっている。

小・中学校の授業時数を表14・表15に示す。これらの授業時数を，週単位にした「日課表」が各学級に示され，それにしたがって授業が展開されている。この他に，学校ごとに「年間行事（始業式，入学式，1年生を迎える会，運動会，林間学校，修学旅行など）が組まれている。参考までに，ある学校の年間行事予定を表16に示しておく。

自閉症，あるいは発達障害といわれる児童生徒の場合，学校行事などによって授業内容が異なることや急な変更があったりすることについていけず，不適応を起こすことがある。

特別支援教育以前には，「運動会なので休ませる，見学者がくるので休ませる」などといったことがよく聞かれた。では，通常の学級に支援を必要としている児童生徒が何人くらい在籍しているのだろうか。

表14　小学校の授業時数

		第1学年	第2学年	第3学年	第4学年	第5学年	第6学年
各教科の授業時数	国　　語	306	315	245	245	175	175
	社　　会			70	90	100	105
	算　　数	136	175	175	175	175	175
	理　　科			90	105	105	105
	生　　活	102	105				
	音　　楽	68	70	60	60	50	50
	図画工作	68	70	60	60	50	50
	家　　庭					60	55
	体　　育	102	105	105	105	90	90
道徳の授業時数		34	35	35	35	35	35
外国語活動の授業時数						35	35
総合的な学習の時間の授業時数				70	70	70	70
特別活動の授業時数		34	35	35	35	35	35
総授業時数		850	910	945	980	980	980

第4章　通常の学級における指導　55

表15　中学校の授業時数

		第1学年	第2学年	第3学年
各教科の授業時数	国　語	140	140	105
	社　会	105	105	140
	数　学	140	105	140
	理　科	105	140	140
	音　楽	45	35	35
	美　術	45	35	35
	保健体育	105	105	105
	技術・家庭	70	70	35
	外国語	140	140	140
道徳の授業時数		35	35	35
総合的な学習の時間の授業時数		50	70	70
特別活動の授業時数		35	35	35
総授業時数		1,015	1,015	1,015

表16　年間主要行事予定

月	日	主な行事	月	日	主な行事
4	6	第1学期始業式	10	7	小学校体育大会
	9	入学式		14	個人面談（〜19日）
	14	全校保護者会		20	芸術鑑賞会
	20	通学路確認開始		21	小学校合同音楽祭（〜23日）
	24	1年生を迎える会			
5	7	PTA総会	11	12	校内研究会
	16	第30回大運動会		18	連続公開日（〜20日）
	26	創立記念日（30周年）			
	27	球技ブロック大会			
6	3	球技中央大会（〜4日）	12	2	マラソン大会
	16	水泳指導開始		18	全校保護者会
	20	授業参観		22	第2学期終業式
7	15	給食終了日・全校保護者会	1	7	第3学期始業式
	15	林間学校・修学旅行事前説明会		14	校内書き初め展（〜16日）
	17	第1学期終業式		15	避難訓練
	28	小学校水泳大会		22	全校学力テスト
8	29	5年生林間学園（〜8月31日）	2	12	平成28年度新入生説明会
				24	6年生を送る会，給食交流会
				25	低学年保護者会
				26	高学年保護者会
9	1	第2学期始業式	3	10	6年生短縮開始
	16	6年生修学旅行（〜17日）		17	短縮日課開始
	16	給食試食会		18	卒業証書授与式
	18	低学年保護者会		24	平成27年度修了式
	24	スポーツテスト			
	25	高学年保護者会			

第2節　通常の学級における
支援を必要としている児童生徒

1　平成 14 年の文部科学省の調査結果

　そこで，文部科学省の平成 14 年 2 ～ 3 月に実施された調査「通常の学級に在籍する特別な教育的支援を必要としている児童生徒に関する全国実態調査」[2) の結果をみてみよう。

　調査の対象は，公立の小・中学校の通常の学級に在籍する児童生徒 41,579 人で，複数の教員で判断の上，回答している。集計の結果は，表 17 のとおりである。

　知的発達に遅れはないものの，学習面や行動面で著しい困難を持っていると担任教師が回答した児童生徒の割合は，表 17 に示すように 6.3% である。

　同様の調査を 10 年後に行ったものがあるのでみてみよう。

2　平成 24 年の文部科学省の調査結果

　同様な調査を 10 年後にも，文部科学省によって行われている。

　「通常の学級に在籍する発達障害の可能性のある教育的支援を必要とする児童生徒に関する調査結果について」[4) （平成 24 年 12 月 5 日）となっており，前回の表題と異なっているのは，「発達障害の可能性のある」と明記したことである。調査時期は，10 年後の平成 24 年 2 月～ 3 月に行われている。ここでは，岩手，宮城，福島県は災害の関係で除かれている。児童生徒数 53,882 人（小学校：35,892 人，中学校：17,990 人）となっている。

　ここでは，前回と異なっている点は，①担任の教員が記入し，特別支援教育コーディネーターまたは教頭（副校長）による確認を経て提出したものとなっていること，②タイトルに「発達障害の可能性のある」と明示していること，③災害地を除いていることである。

　集計の結果は表 18 のとおりである。

3　発達障害児への支援

　通常の学級の実態については，前述したように，2002 年（平成 14 年）の

表 17　集計結果

知的発達に遅れはないものの，学習面や行動面で著しい困難を持っていると担任教師が回答した児童生徒の割合

学習面か行動面で著しい困難を示す	6.3%
学習面で著しい困難を示す	4.5%
行動面で著しい困難を示す	2.9%
学習面と行動面ともに著しい困難を示す	1.2%

知的発達に遅れはないものの，学習面や行動面の各領域で著しい困難を示すと担任教師が回答した児童生徒の割合

「聞く」「話す」「読む」「書く」「計算する」「推論する」に著しい困難を示す	4.5%
「不注意」または「多動性－衝動性」の問題を著しく示す	2.5%
「対人関係やこだわり等」の問題を著しく示す	0.8%

※「聞く」「話す」「読む」「書く」「計算する」「推論する」に著しい困難を示すとは，その一つあるいは複数で著しい困難を示す場合を示す。

領域別集計

「聞く」または「話す」に著しい困難を示す	1.1%
「読む」または「書く」に著しい困難を示す	2.5%
「計算する」または「推論する」に著しい困難を示す	2.8%
「不注意」の問題を著しく示す	1.1%
「多動性－衝動性」の問題を著しく示す	2.3%
「対人関係やこだわり等」の問題を著しく示す	0.8%

文科省の「特別支援教育に関する調査研究会」[2] による調査結果から，6.3%という数字が出ている。この数字は，支援を必要としている児童生徒たちであり，この中に知的障害の伴わない自閉症の可能性があるものが0.8%と推測されている。

　平成24年の調査でも同様な結果となり，通常の学級に支援を必要とする児童生徒が在籍していることになる。「学習面または行動面で著しい困難を示す」の項目は，6.5%（6.2〜6.8%）となっている。

　実際に，巡回相談に参加させてもらうと，担任の教師，支援員の悩みが多いことが分かる。学級担任の教師には，過去に自閉症児を担任した経験のある教師は限られており，多くは自閉症児をはじめて担任したため，彼らの特徴的な行動に困惑している様子が読み取れる。じっとしていないなどの行動上に問題があると認められた児童生徒には支援員が配置されている学級もある。支援員[3] は2007年度（平成19年度）から地方財政措置となり，日常

表 18　児童生徒の困難の状況の調査結果

質問項目に対して担任教員が回答した内容から，知的発達に遅れはないものの学習面または行動面で著しい困難を示すとされた児童生徒の割合

	推定値 （95％信頼区間）
学習面または行動面で著しい困難を示す	6.5%（6.2 ～ 6.8%）
学習面で著しい困難を示す	4.5%（4.2 ～ 4.7%）
行動面で著しい困難を示す	3.6%（3.4 ～ 3.9%）
学習面と行動面ともに著しい困難を示す	1.6%（1.5 ～ 1.7%）

※「学習面で著しい困難を示す」とは，「聞く」「話す」「読む」「書く」「計算する」「推論する」の一つあるいは複数で著しい困難を示す場合を指し，一方，「行動面で著しい困難を示す」とは，「不注意」「多動性－衝動性」あるいは「対人関係やこだわり等」について一つか複数で問題を著しく示す場合を指す

質問項目に対して担任教員が回答した内容から，知的発達に遅れはないものの学習面，行動面で著しい困難を示すとされた児童生徒の割合

	推定値 （95％信頼区間）
学習面で著しい困難を示す	4.5%（4.2 ～ 4.7%）
「不注意」または「多動性－衝動性」の問題を著しく示す	3.1%（2.9 ～ 3.3%）
「対人関係やこだわり等」の問題を著しく示す	1.1%（1.0 ～ 1.3%）

質問項目に対して担任教員が回答した内容から，知的発達に遅れはないものの学習面，行動面で著しい困難を示すとされた児童生徒の割合

	推定値 （95％信頼区間）
「聞く」または「話す」に著しい困難を示す	1.7%（1.5 ～ 1.8%）
「読む」または「書く」に著しい困難を示す	2.4%（2.3 ～ 2.6%）
「計算する」または「推論する」に著しい困難を示す	2.3%（2.1 ～ 2.5%）
「不注意」の問題を著しく示す	2.7%（2.5 ～ 2.9%）
「多動性－衝動性」の問題を著しく示す	1.4%（1.2 ～ 1.5%）
「対人関係やこだわり等」の問題を著しく示す	1.1%（1.0 ～ 1.3%）

生活の介護や学習上のサポートを行うことを目的としている。呼び方は雇用関係などにより，区市町村によって異なっている。実際には，支援員も担任の教師，担当児童にどのように対応したらよいのかを模索している状況がみられる。

　最近は，特別支援教育に目が向けられ，通常の学級に在籍する自閉症児への支援に取り組むようになってきている。しかし，現実には，学校全体としての効果的な支援体制の確立を模索しているというのが現状であろう。

　ここまで，教育の場による自閉症児の指導を取り上げてきたが，今後のこ

とを考えると，もっと多様なシステム，利用方法，個に合った生き方などが求められている。そこで，現在の我が国の教育について「教育実行会議」[1] (2013) が設置され，多様な問題解決に向けて審議されている。「教育実行会議」は，安倍首相の私的諮問機関で，内閣総理大臣，内閣官房長官，文部科学大臣と有識者で構成されている。子どもたちの実態に合った，新しい日本の教育の提言を期待したい。

文　献
1 ）教育再生実行会議（2014）今後の学制等の在り方について（第 5 次提言）.
2 ）文部科学省（2002）通常の学級に在籍する特別な教育的支援を必要とする児童生徒に関する全国実態調査.
3 ）文部科学省初等中等教育局特別支援教育課（2007）「特別支援教育支援員」を活用するために.
4 ）文部科学省（2012）通常の学級に在籍する発達障害の可能性のある特別な教育的支援を必要とする児童生徒に関する調査.

※「小学校・中学校学習指導要領」，「特別支援学校学習指導要領」については，パソコンからダウンロードできます。

第5章
卒業後の自立に向けて

第1節　中学校，特別支援学校中学部・高等部生徒の進路

1　中学校特別支援学級・特別支援学校中学部卒業後の進路

　知的障害特別支援学校中学部及び中学校特別支援学級の卒業生の進路をみると，最近は，ほとんどが特別支援学校高等部への進学となっている。

　「特別支援学校中学部及び中学校特別支援学級卒業者の状況,平成23年度」を参考にすると，知的障害特別支援学校中学部6,520人のうち，進学者は高校など12人，高等部6,403人，計6,415人で，進学者が全体の98.2%となっており，ほとんどが進学している。一方，中学校の特別支援学級では，卒業者14,143人のうち，進学者は高校等3,730人，高等部9,521人，計13,251人で全体の93.7%が進学をしており，その比較的多くが特別支援学校高等部に進学している。

　この理由として，中学部及び中学校の特別支援学級卒業生の進学先がなく，特別支援学校の高等部が小学部，中学部に比べ，在籍者が多いことが推察される。高等学校内に特別支援学級の設置を望む声もみられ，特別支援学級の教育課程をどのような内容が望ましいかという問題のほか，高等学校卒業後の進路を見すえた，自立のための技術の習得などを中心に考えれば，むしろ，高等部の方が充実している面もある。

　こうしたことから，高等学校内の特別支援学級の設置が容易には進まないという現実がある。ここで一つの発想として，新しい町づくりなどの計画の元で，共生を実現していくような学校を設立することはできないだろうか。「障害のある・なし」でなく，みんなが何を教え，みんなそこから学び，助け合いつつ，自己実現に向かうことができる学校が，地域の中に生まれ育つことを期待したい。

第 5 章 卒業後の自立に向けて　61

表 19　特別支援学校高学部（本科）卒業者の状況――国・公・
　　　　私立計（平成 23 年 3 月卒業者）

		23 年 3 月	24 年 3 月
卒業者（A）		12,562 人	13,541 人
進学者	大学等	3 人	2 人
	専攻科	74 人	70 人
	計（B）	77 人	72 人
	B/A	0.6%	0.5%
教育訓練機関等入学者	専修学校	15 人	11 人
	各種学校	8 人	4 人
	職業能力開発	234 人	233 人
	計（C）	257 人	248 人
	C/A	2.0%	1.8%
就職者	D	3,440 人	3,842 人
	D/A	27.4%	28.4%
社会福祉施設等入所・通所者	E	8,145 人	9,029 人
	E/A	64.8%	66.7%
その他	F	643 人	350 人
	F/A	5.1%	2.6%

※大学等……大学学部・短期大学本科及び大学・短期大学の通信教育部・別科
　専攻科……特別支援学校高等部専攻科，高等学校専攻科
　職業能力開発……職業能力開発校，障害者職業能力開発校等
　社会福祉施設等入所・通所者……児童福祉施設，障害者支援施設等，更正施設，授産施設，医療機関
　四捨五入のため，各区分の比率は必ずしも 100%にならない。

2　高等部卒業後の進路

　中学部，中学校特別支援学級の生徒のほとんどが高等部に進学していることがわかった。では，高等部卒業後の進路はどうなっているのだろうか。

　平成 23 年 3 月卒業者の進路を，他の障害も合わせて表 19 に示す。知的障害者の中に自閉症者も含まれている。

　この表を参考にすると，進学者 77 人（0.6%），教育訓練機関等入学者 257人（2.0%），就職者 3,440 人（27.4%），社会福祉施設等，入所・通所者 8,145人（64.8%），その他 643 人（5.1%）となっており，約 65%が社会福祉施設等の入所・通所を利用していることがわかる。平成 24 年 3 月の卒業生の場合も，ほぼ同様の傾向を示している。

　高等部の進路先の推移を平成 18 年から平成 24 年までを表 20 に示してみる。やはり社会福祉施設等の入所・通所が平成 24 年では 67%となり，この傾向は続いている。

表 20　特別支援学校（知的障害）の高等部の卒業者の進路先

	平成18年度	19年度	20年度	21年度	22年度	23年度	24年度
卒業者	10,615	11,082	10,631	11,319	12,191	12,562	13,541
進学 （％）	77 (0.7)	98 (0.9)	82 (0.8)	85 (0.8)	82 (0.7)	77 (0.6)	72 (0.5)
教育訓練機関 （％）	327 (3.1)	339 (3.1)	308 (2.9)	278 (2.5)	300 (2.5)	257 (2.0)	248 (1.8)
就職者 （％）	2,688 (25.3)	2,855 (25.8)	2,886 (27.1)	2,991 (26.4)	3,261 (26.7)	3,440 (27.4)	3,842 (28.4)
社会福祉法人入・通所者 （％）	6,227 (59)	6,617 (59)	6,855 (65)	7,413 (66)	8,010 (66)	8,145 (65)	9,029 (67)
その他 （％）	1,296 (12)	1,173 (11)	500 (4.7)	552 (4.9)	538 (4.4)	643 (5.1)	350 (2.6)

表21　特別支援学校（知的障害）高等部の就職率の推移（各年3月卒業者）

昭和55年	60年	平成2年	7年	13年	14年	15年	16年	17年	18年	19年	20年	21年	22年	23年	24年	25年
57.9%	37.8%	40.7%	33.4%	25.5%	23.7%	22.4%	23.2%	23.2%	25.3%	25.8%	27.1%	26.4%	26.7%	27.4%	28.4%	30.2%

　最近は，自立し，特に就職することに目標が置かれがちであるが，結果としては多くが福祉施設を利用するとすれば，特別支援学校の高等部では，個々の生徒の社会自立を視野に入れた指導が求められよう。

　次に，就職率のみを取り出して，表にまとめてみると，表21のとおりである。表21によると，高等部の就職率は少しずつではあるが，増加している。しかし注意したいのは，就職後の離職である。最近の傾向として，若年者の離職率の高さがメディアでも取り上げられるようになっていることを考慮して，自閉症者，発達障害者についても，就職にあたっては，充分職場環境などの情報を得て，就職につなげるようにする必要があろう。

3　卒業後のあり方

1）進路に関する視点

　特別支援学校（高等部）等の最終課程となる学校を卒業する頃になると，それぞれの障害児にとって，学校教育の出口とともに社会生活への入口が，おぼろげながらも，みえてくるようになる。その意味で，進路とは，学校の卒業時において，これまでの学校教育側から，これからの社会生活の在り方

をとらえたものといえる。

　障害児の進路を議論するに当たっては，その後の長期間の社会生活において，卒業時点のみに的を当てたものであることに留意すべきである。若年者の離職率がメディアに取り上げられるようになった昨今，学校教育側においても，例えば，（就職後の）障害者の離職状況等にも関心を向け，学校教育と社会生活が良好につなぎ合わ（マッチング）されているか，定期的に観察（モニタリング）する必要があろう。

　その意味で，今後とも，学校，行政機関，企業等における教育担当部門と雇用担当部門との緊密な連携や協働が求められる。

2）卒業後の社会生活に関する視点

　ここで，卒業後における障害者の社会生活の在り方について，大括りに，生活の場と社会活動に分けて考えてみたい。

ア　生活の場

　生活の場としては，自宅，福祉施設，病院等が挙げられる。

　家族との関わりからみると，障害者が，両親等の保護者と同居するか，単身住まいとなるかが，また，仕事との関わりからみると，職住（就業の場と居所）の近接の程度が，一つの目安となる。

　日常生活の中で，近所のコンビニへ買い物に行ったり，就業の場に出かけたりする際，障害者が困難を伴わずに移動できるよう，道路や鉄道，案内標識等の社会資本（インフラストラクチャー）を引き続き整備する必要がある。

　さらに，障害者から援助を依頼されたとき，これに適切に対応できるよう，社会全体として，障害者の置かれた状況や立場を適切に理解するよう努めることが求められる。

イ　在宅及び施設における障害者への虐待

　厚生労働省（社会・援護局 障害保健福祉部 障害福祉課）の公表（平成26年11月25日）によれば，平成25年度の都道府県・市区町村における障害者虐待事例への対応状況等（調査結果）は，次のとおりである。

　市区町村等による虐待判断件数でみると，養護者による障害者への虐待は1,764件，障害者福祉施設従事者等による障害者への虐待は263件となって

いる。

　在宅や施設等の生活の場における障害者への虐待は，顕在化しづらい上に，生活基盤を脅かすという面もあるため，日頃から，養護者や福祉施設，地域，行政機関が連絡を図って，障害者への虐待を早期のうちに発見し，事態を改善していくことが求められる。

ウ　社会活動

　障害者の社会活動を幅広にとらえれば，仕事（役務の提供）をして報酬を受ける（雇用等），ボランティアをする，趣味を含むサークル活動を行う等が挙げられる。

　そして，障害者の生計の面からみれば，卒業して，「どのような仕事に就くか」ということが，障害児やその家族にとって切実な関心事となる。卒業者の就職率の推移を示す表21等からも，学校や教育行政が，卒業者の就職（率）に注目している様子がうかがえる。

　なお，仕事に関しては，第3章「障害者を取り巻く社会環境」のうち，第1節「仕事と雇用」の中で詳しく述べる。

※特別支援学校（卒業後の進路）等の資料は，パソコンからダウンロードできます。

第 **II** 部

自閉スペクトラム症児への教育に関する研究

自閉症児の発達及びその教育の確立に関する研究

　第Ⅱ部では，自閉スペクトラム症児の発達に関する研究として，「自閉的傾向児の言語能力に関する考察−ひらがな文字の読みについて−」(1978)，「自閉的傾向児の発達プロフィルとひらがな文字読みにみられる言語能力との関連性について」(1980)，「自閉児の視知覚能力と文字の読み書き水準および行動特徴との関連」(1980) を取り上げた。

　前者のタイトルとして「自閉的傾向」の文言がみられる。また，後者のタイトルに「自閉児」とあるのは，文部省で「自閉児」を用いたからであり，「自閉児」の文言を提唱したのは牧田清志（慶応大学医学部）といわれている。

　次に，自閉スペクトラム症児への教育の確立に関する研究として，「情緒障害学級の成立過程の比較研究−東京・大阪を中心に−」(1989)，続いて「情緒障害学級の成立過程の比較研究Ⅱ−学級の設立から今日的課題まで」(1990) を紹介した。

　筆者自身の関心は，「自閉症児の保存概念の形成に関する一考察」(1987)，「自閉症児の数量の学習における動機づけの機能」(1992)，「特殊教育におけるティーム・ティーチングの導入とその課題」(1995)，「自閉症児の描画能力の発達」(1996)，「交流教育の動向と展望」(1997)，その他共同による「実態調査」などがある。海外での発表として，コンピューターの利用による描画活動について「An Autistic Child' Cognitive and Motivational Change through Using the Computer」(1994, ロンドン大学) を発表している。主に，国立特殊教育総合研究所（現，国立特別支援教育総合研究所），特殊教育学会に掲載されたものである。ティーム・ティーチングに関しては，科学研究費をもらって，研究したものである。

　これらの研究は，『自閉児の発達と指導──言語を中心とした実態と発達への援助』(教育出版，1980)，『自閉症児の医学と教育（共訳）』(岩崎学術出版社，1981)，『障害をもつ幼児の保育』(日本文化科学社，1982)，『就学までの障害幼児の指導』(教育出版，1984)，『遅れをもつ子どもの国語指導』(日本文化科学社，1985)，『自閉症と情緒障害教育』(コレール社，1991)，『風の散歩』(コレール社，1999)，その他，共著などにまとめられている。

第1章
自閉的傾向児の言語能力に関する考察
——ひらがな文字の読みについて——

1　問　題

　いわゆる自閉児が，個体差及び発達差はあるにせよ，コミュニケーション
の道具としての言語の使用が困難であるか，不器用であるという観察は今や
きわめて一般的である。いいかえれば，自閉児（現　自閉スペクトラム症）
の臨床における症候のひとつして言語の問題がたびたび記述される。自閉が
先か言語が先かという因果関係の究明には，知覚・認知の領域と情動・防衛
の領域による統合的な考察が重要であろう。それは自閉児の症状形成過程に
もつながる基礎的な問題でもあり，研究の累積によってすぐれたモデルが提
出されれば，自閉児の教育実践にも大いに寄与するものと期待される。

　しかし一方では，現実にそのような子供たちがどの程度言語能力をもって
いるのかという実態の把握を，実際的な指標を用いて行なうことも重要だと
思われる。その意味で，ひらがな文字の学習を考慮することは十分現実的な
意義をもつであろう。

　普通児を対象にした領域では，村石・天野[4] が，4歳児及び5歳児の広範
な資料をもとに，幼児のひらがな文字読みの実態を報告している（1972）。
その中でかれらは幼児の読字数の分布が，両極が高く，中央部が低いU字
型の曲線の傾向をもつことを示し，文字間で難易のちらばりが生じる要因を，
①その文字（音節）が使用される頻度の違い，②文字の字形の構成の複雑さ，
③その文字が表記している音節の音声学的性格，と予想して若干の考察を行
なっている。一方，杉村・久保[9] は，文字の読みを学習する際に，少なく
とも2つの過程が存在するとして，文字の形態的特徴を区別する学習（知覚
的弁別学習）と文字に読みの音を結びつける学習（連合学習）とを区別して
いる。このうちの前者は村石らの想定する要因②に，後者は要因①に相当す

るであろう。この 2 つの過程が文字学習に必須の要件であろうことは，おそらく疑い得ないと思われる。実際，杉村らは文字や図形を弁別する能力と文字の読み学習の間に有意な相関を得，弁別訓練が文字の読み学習に促進的であることを見い出している（ただし，材料はカタカナを使用）。また，連合的側面に関連する文字の出現頻度についても，村石らは国語辞典の語頭及び新聞の使用活字の頻度と読みの難易の間に有意な順位相関を見い出し，同様の相関を寺山[10]は，小学校 1 年上の国語教科書の分かち書きの語頭頻度との間（rs＝0.71）に発見している。

　しかしながら上の 2 要因がそのまま質的にも文字習得の，あるいは語ないし文の生成的理解・表出のための十分な要件であると考えるのは早計であろう。文字学習が単にそれのみ抽出された過程としてではなく，言語使用の有意味な全体の中に位置づけられるならば，音素の組み合わせによって語が成り立ち，語と語を統合する規則によって文が生成されるという観点が重要となる。この意味で天野[1,2]の研究は示唆的である。天野[1]によれば，文字の習得とは「単に文字の音価を知ること，単に『あ』を／ア／と読めるようになることではなく，発生論的にみた場合，それは単語の意味を捨象し，音的要素に定位し，まさに，語の有意味なコトバを構成しているさまざまな語音の中から，一定の音韻……を抽出して，それを文字記号として定着していく過程」とみなされる。天野は，このような音節分解の形成の程度が，普通児の場合，かな文字の習得の程度と密接に結びついていることを見い出している。

　以上の先行的知見を参照しながら，今回，言語能力のひとつの実際的な指標と考えられるひらがな文字の読みの水準について，とくに自閉的傾向を有する児童の資料により考察を行なうものである。

2　目　的

　ひらがな文字の読みの実態について，自閉的傾向を有する児童と，それを有しないが知的発達には問題をもつ児童との間で比較する。さらに，普通児における結果との異同を検討する。

表1　CAの分布

級　間	頻　度	級　間	頻　度
72 － 77	2	114 － 119	3
78 － 83	5	120 － 125	7
84 － 89	7	126 － 131	5
90 － 95	4	132 － 137	4
96 － 101	9	138 － 143	9
102 － 107	7	144 － 149	5
108 － 113	9	150 － 155	3

級間の単位＝月，N＝79

3　方　　法

1）対　　象

　T県下の小学校において自閉的傾向を疑われている児童41名（男児32名，女児9名），K県立S養護学校児童21名（男児18名，女児3名），Y市立F小学校特殊学級児童17名（男児11名，女児6名）の計79名（男児61名，女児18名）である。T県の資料中3名は普通学級に，残りは特殊学級に在籍している。調査で一般に用いられる標本抽出の手続きは採らなかった。CAの分布は表1のとおりであり，最大155カ月，最小73カ月，中央値は111カ月である。また，学年の分布は，1年生から6年生の順に，8名，12名，15名，17名，8名，19名となる。

　知能検査については，79名のうち63名（80％）が，未検査ないし測定不能ということであった。自閉的傾向を疑われる者については，その旨記載を求めたが，その他の障害としてはダウン症が最も多く，てんかん，小頭症等も含まれている。

2）手続き

　村石・天野[4]が，4～5歳児を対象に実施したひらがな文字読みのテストに準じて個別に，担任の教師が実施した。

　テスト文字は，ひらがな全文字（清音46文字，濁音20文字，半濁音5文字，計71文字）である。13×18cmの用紙に3文字ずつ印刷されてある「調査文字カード」を順に呈示し，1文字ずつ指しながら読ませていく。呈示順は村石らと同様のランダム順とした。

　誤って読んだ場合ないしは発音が不明瞭な場合は，一度だけ念を押し訂正

を許した。回答は，正しい場合は○，正しいが発音が不明瞭な場合は○，誤答ないし無回答は×として所定の記録票に記入された。なお，所要時間は，チェックされた資料（N＝50）に限ってみれば，最低1分，最高25分で，おおむね3〜5分に分布している。

3）結果の処理

1）上記の○及び○の回答を正答として読字数を算出した。2）次の方法により，対象児を自閉的傾向を疑われる自閉群と，そうでない非自閉群に分類し，結果を比較した。担任の教師より各児童について，a）障害の種類とその程度，b）コミュニケーション能力，c）日常動作の特徴，d）テレビ・絵本・マンガ等への接触度という各項目に自由記述された結果を材料に，①他人との情緒的交渉の欠如，②同一性保持への強い欲求，③コミュニケーションの手段としてのことばの使用の困難さないし不器用さを判断の基準として，「傾向あり」「傾向なし」「どちらともいえない」の3件法により，2名の判定者が独立に分類し，一致した判定（一致率76％）を採用した。さらに，判定のうちに，「どちらともいえない」の判定がある場合には，協議によりいずれかの群に分類した。その結果，自閉群として35名（男児26名，女児9名），非自閉群として44名（男児35名，女児9名）が分類された。

なお，CAについて，両群の間には，自閉群がやや低い傾向をみせるが中央値テストの結果は有意ではない（$\chi^2＝2.21$，df＝1）。また，学年の分布については，自閉群がやや低学年に多いようであるが1〜2年，3〜4年，5〜6年を丸めて比べると有意差は得られなかった（$\chi^2＝4.98$，df＝2）。従って両群の生活年齢はほぼ等質であると考えられる。

4　結　　果

1）回答の分布

71文字全部についての回答の数は，表2に示すとおりである。

全体として自閉群と非自閉群の間に，○の数，○の数，×の数の分布に差がないことが明らかである（$\chi^2＝1.21$，df＝2）。これを村石・天野[4]（p.130）の結果と比較してみると，本研究の結果がかれらの4歳児クラスと5歳児ク

表2　回答の分布

群	○の数	◎の数	×の数	計
自閉群	1,462 (58.8)	25 (1.0)	998 (40.2)	2,485
非自閉群	1,855 (59.4)	40 (1.3)	1,229 (39.3)	3,124
全体	3,317 (59.1)	65 (1.2)	2,227 (39.7)	5,609

（　）内は％

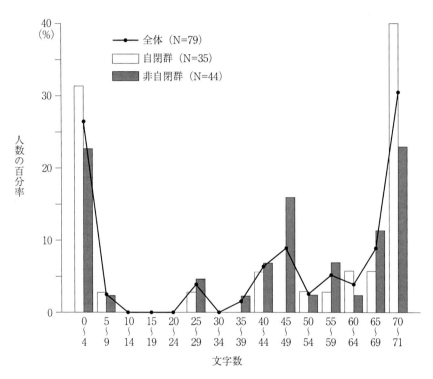

図1　読字数の分布

ラスの中間に位置することがわかる。

2）読字数の分布

　全対象児及び群別の読字数の分布を百分率により図1に示す。これを村石・天野の結果（pp.148-149）と比較してみると，5〜24字及び40〜49字間の中間部でやや高低の差が生じているが，全体としてはかれらの4歳児クラス

第1章　自閉的傾向児の言語能力に関する考察　73

表3　読字数の分布

群	0	1〜44	45〜70	71	計
自 閉 群 非自閉群	11 ⎤n.s. 8 ⎦	4 ⎤n.s. 9 ⎦	6 ⎤n.s. 17 ⎦	14 ⎤n.s. 10 ⎦	35 ⎤n.s. 44 ⎦
全　　体	19	13	23	24	79

*p<0.5

と5歳児クラスの中間的な分布をなし，両端が高く中央部が低いU字形の分布という点で共通している。また，読字数の分布をまとまった度数の得られる範囲に分けて示したのが表3である。

　全体としては自閉群と非自閉群の度数分布に差は認められなかった（χ^2 ＝7.39，df＝3，.05＜p＜.10）。しかし，次の2つの範囲においては両群間に差異が見い出された。

　a）45〜70字にかけては非自閉群の方が多い（χ^2＝4.36, df＝1, p＜.05）。これはおもに45〜59字間の差（自閉群の度数2，非自閉群の度数11，χ^2 ＝5.27，df＝1，p＜.05）によるものである。

　b）全部読めた者（24名，全体の30％）と全く読めなかった者（19名，全体の24％）とを合わせて分布の両極端の人数として両群を比較すると，自閉群25名（71％），非自閉群18名（41％）となり有意な差（χ^2＝7.32, df＝1，p＜.01）が得られる。この差を群と分布の両極性の連関と考えれば，ファイ係数ϕ＝0.30である。自閉群の方が分布の両極端にかたよりやすいと言うことができる。なお，両群間で全部読めた者と全く読めなかった者の比の差は認められなかった（χ^2＝0.001，df＝1；ϕ＝0.004）。

　また，図2に読字数の累積分布曲線を示したが，とくに45〜59字間における両群の差が明白に現われている。

3）読字数と生活年齢

　両群間の読字数の全体としての分布の差は前述のとおり認められない。このことは，読字数の中央値（50字）以上を上位，それ以外を下位として両群を比較しても同様であった。すなわち，読字数上位者は自閉群で20名（57％），非自閉群で20名（46％），下位者は自閉群で15名（43％），非自閉群で24名（54％）となり，χ^2＝1.07（df＝1）で群間の有意差は認められない。

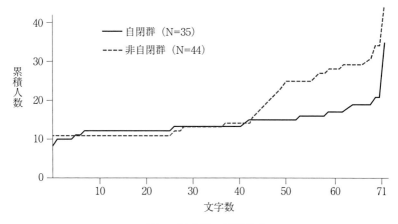

図2 読字数の累積分布

表4 読字数と生活年齢との連関

a)CA

		上位 (≧111)	下位 (≦110)	計
読字数	上位(≧50)	26	14	40
	下位(≦49)	14	25	39
	計	40	39	79

b)学年

		1〜2年	3〜4年	5〜6年	計
読字数	上位(≧50)	5	20	15	40
	下位(≦49)	15	12	12	39
	計	20	32	27	79

　従って，両群をこみにして読字数と生活年齢との連関を求めた。表4に，a) CAとの連関，b) 学年との連関を示す。

　表4 a) によれば読字数とCAとの連関は，$\phi = 0.29$ となり，有意（$\chi^2 = 6.69$, df=1, p<.01）である。また，表4b) によって読字数と学年の間にも，連関係数 C=0.41（$\chi^2 = 15.50$, df=2, p<.001）の有意な連関を得た。従って，生活年齢が高いほど読字数が多くなる傾向が認められる。すなわち，読字数の多少は児童の生活年齢によってある程度説明することができる。しかし，説明できない部分については別の要因を考慮する必要がある。

　なお，71文字全部読めた者の比と全く読めなかった者の比についても，CAの中央値検定の結果，同様の差（全部読める者はCA大の方に多い）が得られた（$\chi^2 = 4.06$, df=1, p<.05）。

表5 文字別の難易

a）読字上位文字と読字下位文字

	正答数	文　字
上位	57	かみ
	56	おくしつん
	55	あいうこたとなねのま
下位	39〜37	ぎぷぽほじぶば
	36〜35	ぜびぴずぞづぺ
	34〜32	べぢざ

b）村石・天野データとの比較

		村石・天野				
		A	B	C	D	計
本研究	A（上位17字）	12	4	1	0	17
	B（中上位18字）	4	8	6	0	18
	C（中下位19字）	1	6	9	3	19
	D（下位17字）	0	0	3	14	17
	計	17	18	19	17	71

4）読字数と話しことばの有無との関係

　話しことばを，どのように単純なもの（例えば，一語のみ，ネーミングのみ，要求のみ等）でもよいと考えれば，それを有している者は自閉群で29名（83％），非自閉群で41名（93％），それを有していない者は自閉群で6名（17％），非自閉群で3名（7％）である。自閉群の方に話しことばを有していない者の比率がやや高いが，その差は有意ではない（$\chi^2 = 2.06$, df $= 1$）。両群をこみにして話しことばの有無と読字数との連関を求めれば，話しことばを有している者（70名）では読字数上位（$\geqq 50$字）が40名（57％），下位（$\leqq 49$字）が30名（43％）となり，話しことばを有していない者（9名）では，読字数上位がおらず，すべて（9名）が下位に属する。従って検定するまでもなく，話しことばがない場合にはほとんど読めていないが，話しことばがあっても必ずしも十分に読めるとは限らないということができよう。

　なお，話しことばを有する者に限って，読字数と群の連関をみてみると，自閉群では読字数上位20名（69％），下位9名（31％），非自閉群では上位20名（49％），下位21名（51％）となる。自閉群の方が上下の差が大きく，話しことばと読字数の連関が非自閉群よりも強いことが示唆されるが，この差は有意ではない（$\chi^2 = 2.83$, df $= 1$）。

5）文字別の難易と読み誤りのパターン

　正答数の多少によって71文字を分類し，そのうち上位25％と下位25％の文字をとり出して表5 a）に示した。なお，自閉群と非自閉群を分けて示すことにそれほどの意義はないと考えられたので，表は両群をこみにした結果によるものである。上位に清音が集まり，下位に濁音・半濁音が集まるのは

村石・天野の結果（pp.124-125）と同様である。かれらの結果との比較は，さらに表5 b) に示される。

　正答数の順によって71文字が，上からA，B，C，Dの4段階に分類され，本研究の結果と村石らの結果をクロスさせた相関表が作られた。その結果，2つの研究による文字の難易の間には，連関係数C＝0.70という有意な連関（χ^2＝69.3，df＝9，p＜.001）が示された。

　また，誤反応総数2227のうち，その内容の記載が得られたのは498（22%）であった。その内訳は，1）71文字の範囲内で他の字と読み誤る反応が94%で最も多く，次に，2）その文字を含む単語（人名を含む）を述べるものが4%，3）その文字を含まない単語（人名を含む）が1%，4）その他の音節が1%の順となる。頻度の高い誤反応の例をあげると次のようである（カッコ内は頻度）。

　　ぐ→く（15），ぢ→ち（15），ぎ→き（14），
　　ず→す（14），ざ→さ（13），ぜ→せ（13），
　　げ→け（12），ご→こ（11），じ→し（11），
　　ぞ→そ（11），だ→た（11），づ→つ（11）。

　このように，濁音を対応する清音と読み誤る反応が最も多く，次いで半濁音の対応する清音との誤りが多い。また，その文字を含む単語で反応する例は，次のようである。

　　か→かに，は→はし，じ→じどうしゃ，あ→あいはらりさちゃん，そ→そがたかしくん，な→はなばたけ，じ→こうじくん，ぞ→なぞなぞ，め→かめのか，わ→うちわのう，ぱ→ぱぴぷぺぽ，ぴ→ぱぴぷぺぽ。

　また，その文字を含まない単語で反応する例は次のようである。

　　が→かに，ば→はし，ぞ→そがたかしくん，も→うし。

例数がごく限られているので，一般化するには注意を要するが，語頭，語中にその文字が含まれる語で反応することから音節分解の未熟さが示唆されるし，それに濁音の読みの未形成，あるいは連想反応が混入していることも予想される。

5　考　察

本研究の結果を，村石・天野[4]の結果と比較してみると，回答の分布，読字数の分布ともに，全般的には村石らの4歳児と5歳児の中間的な形をなすことが認められた。また，文字別の読みの難易についても，両研究間に有意な連関がみられ，さらに本研究においても生活年齢と読字数の間に一定の連関が認められたことを考慮すれば，知的発達に問題のある児童といえども，ひらがな文字の読みにかかわる機制は普通児の場合と類似していることが示唆されよう。しかしながら，このことを一般化するには，さらに多くの調査による確認が必要だと思われる。天野[2]は，自身の調査により，養護学校小学部に通う12歳以下の児童で，ひらがな71文字をほとんど読めた者は，全体の10〜20％に過ぎなかったことを報告している。本研究では，71文字全部読めた児童は全体の30％に達している。サンプルの代表性に関して，本研究では標本抽出の標準的な手続きを採らなかった。サンプルの大きさとともに，この点は本研究の限界として留意されるべきである。

以上を踏まえた上で，あらためて本研究の結果と村石らの結果の類似性を強調すれば，知的発達に問題のある児童においては，単にひらがな文字に必要なレディネスの備わるのが遅延しているのみであると考えることもできよう。ちなみに，本サンプルと村石らのサンプルのCAの差は平均4〜5年である。

ここで，ひらがな文字読みに必要なレディネスとしては，まず，1) 視覚刺激（文字）及び聴覚刺激（音声）のそれぞれについての弁別能力と，2) 弁別された特定の視覚刺激と聴覚刺激を結びつける連合能力，が考えられるだろう。しかしながら，天野[1,2]の考察によっても示唆されるように，この2つの要件は，ひらがな文字読みのための必要条件ではあっても，それを質的にも可能ならしめる十分条件ではないように思われる。かな文字が，日

本語の音韻を抽象・表記している記号であることを考えれば，単に形式的にある字形と音を結びつけるだけではかな文字の機能的本質を習得していることにはならない。重要なのは，ある特定の音が種々の異なった背景（音の系列ないし語）で現れても同一の音であることを認知するという音節の分析・統合能力である。天野 [1], [2] は，このような能力が，普通児においてはひらがな文字読みの水準と密接に結びついていることを報告しているが，それと対照的に，発達遅滞児においては，多くのかな文字を読みながら，音節分解行為を完全には行うことができないケースがしばしばあることも報告している。この意味で興味深いのは，本研究における自閉群と非自閉群との読字数分布の相違であろう。

とくに，累積分布曲線にみられるように，非自閉群においては40字から71字にかけて，ほぼ普通児のパターンに近い上昇がみられるのに対し，自閉群におけるその間の上昇はごくわずかである。また，この事情と表裏をなす現象として，自閉群の方が分布の両極端にかたよりやすい傾向が認められ，上限と下限を広げれば，さらにこの範囲の拡がることが示唆される。このことに関しては，前述したサンプルの問題も当然考えられるが，単にそれのみではなさそうな示唆を，次のような研究結果から得ることもできる。

まず，Schachter ら [7] は，スタンフォード・ビネL版, ゲゼル発達尺度, キャッテル幼児尺度により，Schizophrenics 群の児童と精神遅滞群の児童を比較し，実際の機能 IQ においては精神遅滞群の方が優れているが，推定された潜在 IQ において両群はほぼ同様であることをもって，Schizophrenics 群の方が知的機能に大きな偏差があることを示唆している。

また，Tubbs [11] は，ピーボディ絵画語い検査により自閉群と精薄群をマッチングしようとして次の結果を得た。すなわち，CA の範囲は両群ともほぼ8年で同様であるにもかかわらず，ピーボディ絵画語い検査による MA の範囲は，精薄群が3年9カ月，自閉群は7年9カ月となり，自閉群の方が範囲が広い。さらに，同様の傾向は Prior [6] にもみられる。すなわち，CA の平均（及び SD）は，精薄群が11.8歳（3.6歳），自閉群が11.5歳（3.1歳）でほぼ同じなのに対し，ピーボディ絵画語い検査による IQ は，平均が両群とも56で同一であるが，その SD は精薄群が15なのに対して自閉群は20となっ

て広い（但し，Ｆ比は有意ではない——筆者らの計算による）。

　ピーボディ絵画語い検査は，複数の異なる絵の中から，音声で呈示された単語に相当する絵をみつけるという方法であるから，ひらがな文字読みとは課題の性格が異なるが，視覚及び聴覚的な弁別・連合を要求されるという点では，２つの手続きに共通する部分はあるだろう。両方の手続きとも単にこの弁別・連合メカニズムのみによってもある程度は満足すべき結果が得られるとすれば，このメカニズムへの習熟の程度が，遂行における分布の型を予測する，と考えられなくもない。いいかえれば，自閉児に特徴的な認知の型が区別されれば，それと本研究における自閉群の読字数分布が，非自閉群ないしは普通児のそれと異なる点に，直接的ではないにせよ，何らかの関連性があるようにも思える。

　自閉児に特徴的な認知の型に言及する実証的研究は，近年比較的多く報告されているが，代表的なものに O'Conner と Hermelin[5] のものがある。かれらは，ピーボディ絵画語い検査でマッチングされた普通児と自閉児の語系列の再生を比較した。その結果，新近性効果（はじめに呈示された語よりもあとで呈示された語の方がよく再生される）及び意味の効果（でたらめに並べた語系列よりも有意味な文の形に並べられた語系列の方がよく再生される）は，いずれの群にも認められたが，とくに新近性効果は自閉児の方に著しく，逆に，意味の効果は普通児に対する程強くは自閉児には影響をもたなかった。この結果は，自閉児においては，語音の位置という刺激の物理的側面には影響されるが，その語音が有意味であるか無意味であるかという構造的側面には影響されにくいことを示唆している。いいかえれば，言語材料の意味的体制化における何らかの困難を示しているとも考えられよう。このような実証的示唆は，決して少なくない臨床家によっても確認されていることである。例えば，十亀[8] は，自閉児の臨床像の観察から，「知覚されたものを，意味関連をもった全体として把握すること」の困難を述べている。それはまた，「ゲシュタルト（Gestalt）機能の障害」ともいえるとして，このような障害が，自閉児の言語症状においてかなり明確にあらわれる，と指摘している。このような困難を，あるいは石川[3] のように，構造主義言語学の用語を借りて「未熟な言（Parole）のままに留まり，言語（Langue）へと成長発展できない

でいる状態」としてとらえることも可能である。さらに，時枝文法にならって「辞」や「コソアドの体系」による関係把握の困難を示している，ということもできよう。いずれの表現をとるにせよ，共通していわれているのは，ひとつの事象と別の事象との有機的な分析と統合にかかわる関係的な認知における何らかの困難である。ここでいう事象とは，ある音と別の音であり，ある語と別の語であり，話し手と聞き手であり，あるいはひとつのモノに付与された抽象レベルの異なる様々な名称でもある。

　このように考えれば，自閉児におけるひらがな文字の読みの習得の過程にも，個人差はあるにせよ，上に述べた認知型の影響が及ぶであろうことは十分予想しうると思われる。その意味で，かりに多くの文字を読めたにしても，それがさらに語の理解ないし文の理解までをも保障するものであるとは限らないであろう。ちなみに，十亀[8]は，自閉児がかりに字を読めたにしても，「書いたものを読んで意味を理解することは極めて困難」であること，そして「いわゆる失読はほとんどの症例において大なり小なり認められる」ことを指摘している。本研究の今後の課題も，この点の実証的吟味に求められるはずである。

　最後に，今後の研究を導く探索的な仮説を以下のように提出して本稿の結びとする。なお，それらの仮説は，上に述べた諸研究によって示唆される次の考えを前提としている。すなわち，自閉性障害と連関するひとつの特徴的な認知型は，知覚・入力された個々の要素を，有機的関連のある全体として分析的かつ統合的に処理する過程における何らかの欠陥として考えられる。

　仮説1；上記の認知型が示唆される児童にあっては，かりにひらがな文字がほとんど読めたにしても，音節の分析・抽出行為が十分に形成されているとは限らない。

　仮説2；音節を，さらにその上の単位の語と置きかえても上記の認知型の効果は生じるであろうから，そのような認知型が示唆される児童にあっては，かりにひらがな文字がほとんど読めたにしても，文章の読み・理解が十分に可能であるとは限らない。

　指導の指針も，これらの仮説を実証的に吟味する過程で得られるであろう。

第2章
自閉的傾向児の発達プロフィルと
ひらがな文字読みにみられる
言語能力との関連性について

1 問　題

　昨年度の報告[9]により，言語能力のひとつの実際的な指標と考えられる
ひらがな文字読みの実態が，自閉的傾向を有する児童と，それを有しないが
知的発達には問題をもつ児童との間で比較検討された。その結果，対象児の
ひらがな文字読みの水準は，普通児を対象とした村石・天野[6]の調査結果
の4歳児と5歳児の中間的な形をなしていた。また，自閉群と非自閉群の読
字数には，全体としては差がなかったが，自閉群の方が分布の両極端にかた
よりやすい傾向が認められ，自閉性障害に特徴的な情報処理様式との関連が
議論された。

　しかしながら，昨年度の報告は，単にひらがな文字読みの読字数だけを指
標としていたために，かりにひらがな文字が読めたにしても，その能力がど
のような性質のものかについての十分な示唆を得るには不十分であった。

　天野[1]によれば，文字の習得とは「単に文字の音価を知ること，単に『あ』
を／ア／と読めるようになることではなく，発生論的にみた場合，それは単
語の意味を捨象し，音的要素に定位し，まさに，語の有意味なコトバを構成
しているさまざまな語音の中から，一定の音韻……を抽出して，それを文字
記号として定着していく過程」とみなされるが，それはおそらく，単なる弁
別・連合メカニズム以上の情報処理を要求するものであるように思われる。

　この点についての示唆を得るためには，単にひらがな文字読みの水準だけ
をとりあげるのでなく，それと関連して，児童の発達水準を総合的に把握す
ることが必要だろう。また，それによって，いわゆる自閉児の知的発達の様
相がどのような特徴をもつかという問題が，ひらがな文字読みという課題の

82 第Ⅱ部 自閉スペクトラム症児への教育に関する研究

表1 CAの分布

級 間	頻 度	級 間	頻 度
82 – 87	2	124 – 129	4
88 – 93	5	130 – 135	7
94 – 99	7	136 – 141	2
100 – 105	4	142 – 147	8
106 – 111	8	148 – 153	9
112 – 117	10	154 – 159	3
118 – 123	7	160 – 165	3

級間の単位＝月，N＝79

性格との関連で，いっそう明らかにされるように思われる。そこで本研究は，児童の発達水準を，乳幼児精神発達質問紙を用いて評価し，ひらがな文字読みの水準とどのような関連をもつかについて検討することを目的とする。

2 方 法

1）対 象

　T県下の小学校において自閉的傾向を疑われている児童41名（男児32名，女児9名），K県立S養護学校児童21名（男児18名，女児3名），Y市立F小学校特殊学級児童17名（男児11名，女児6名）の計79名（男児61名，女児18名）である。T県の資料中3名は普通学級に，残りは特殊学級に在籍している。CAの分布は表1のとおりであり，最小84カ月，最大163カ月，中央値は121カ月である。また，学年の分布は1年生から6年生の順に，8名，12名，15名，17名，8名，19名である。知能検査については，79名のうち63名（80％）が未検査ないし測定不能ということであった。自閉的傾向を疑われる者については，その旨記載を求めたが，その他の障害としてはダウン症が最も多く，てんかん，小頭症も含まれている。

2）手続き

　ひらがな文字読みについては，村石・天野[6]の方法に準じて，担任の教師が個別に実施した。テスト文字はひらがな全文字（71文字）であり，村石らと同様のランダム順に1文字ずつ指しながら読ませていった。

　対象児の発達水準は，乳幼児精神発達質問紙（津守・稲毛式）の1～12カ月版，1～3才版，3～7才版を使用し，担任の教師が母親またはその他

の養育者，および自身の観察によって評価した。各項目について，確実にできるならば○印，明らかにできないときとか，そのような経験がないというような場合には×印をつけ，ときどきできるという場合，あるいは，ここ数日内にやっとできるようになったというような場合には△印をつけた。

この回答から，津守・稲毛[10]の発達指数算出法により対象児の領域別発達年令が算出された。

自閉群（N＝35）と非自閉群（N＝44）の分類は，診断名および担任の教師による児童の特徴に関する記述を材料に，2名の判定者により行なわれた。自閉群の基準として採用されたのは，(1) 他人との情緒的交渉の欠如，(2) 同一性保持への強い欲求，(3) コミュニケーションの手段としてのことばの使用の困難さないし不器用さである。なお，両群の CA についての中央値テストの結果は有意でなく（$\chi^2 = 2.84$，df＝1），学年についても低・中・高学年の人数には，有意差は見られなかった。従って両群は CA についてほぼ等質とみなされる。

また，発達質問紙の各領域ごとに自閉群対非自閉群，および読字数上位群対下位群の発達年令の分布が比較され，それらの各指標間の関連性が検討された。さらに，「理解・言語」領域について，自閉群対非自閉群，および読字数上位群対下位群を基準に項目分析がなされた。

3　結　果

1）各領域の発達年令の分布

発達質問紙の各領域における自閉群と非自閉群の発達年令の分布を図1-1に，読字数の上位群と下位群の発達年令の分布を図1-2に示す。

また，これらの各領域の分布を上位と下位の2群に分け，中央値検定を実施した結果が同表に示される。まず自閉群と非自閉群においては，「社会」の分布差が大きく（$p < .01$），この領域によって自閉性の有無がよく弁別されている。続いて「食事・排泄・生活習慣」（$p < .05$），「探索・操作」（$p < .05$）となり，「運動」および「理解・言語」については，有意差が見い出されなかった。

つぎに読字数（上位群51文字以上，下位群50文字以下）についても同様に比較してみると，いずれの領域においても有意差が認められ，読字数の多

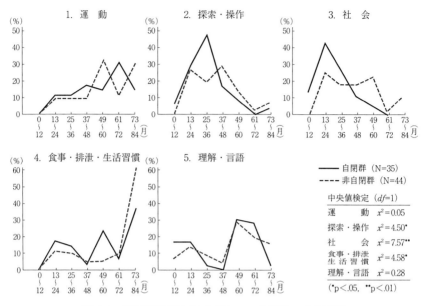

図 1-1　領域別発達年齢の分布────自閉群・非自閉群

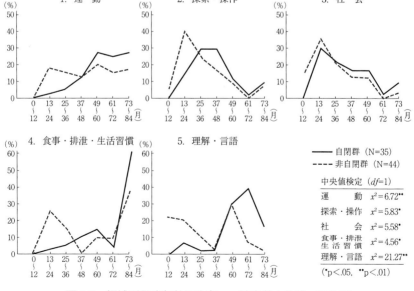

図 1-2　領域別発達年齢の分布────読字数上位群・下位群

第2章　自閉的傾向児の発達プロフィルとひらがな文字読みにみられる言語能力との関連性について　85

表2　各領域・指標間のφ行列

	運動	探索・操作	社会	食事・排泄・生活習慣	理解・言語	読字数	自閉・非自閉	CA
運動	—							
探索・操作	.445**	—						
社会	.514**	.672**	—					
食事・排泄・生活習慣	.597**	.631**	−.622**	—				
理解・言語	.467**	.559**	.594**	.468**	—			
読字数	.292**	.272*	.266*	.240*	.519**	—		
自閉・非自閉	.025	−.239*	−.309**	−.240*	−.059	.167	—	
CA	.116	.242*	.192	.281*	.241*	.266*	−.167	—

N = 79, df = 1, *p < .05, **p < .01

少が発達の各領域によってよく弁別されることがわかる。特に「理解・言語」については分布差が大きかった（p<.001）。つぎに、「運動」において分布差が大きく（p<.01），続いて「探索・操作」，「社会」，「食事・排泄・生活習慣」の順となっている。

2）各領域・指標間の関連性

発達の5領域と自閉・非自閉の別，読字数の多少，およびCAという指標についてそれぞれの関連性を表2のφ行列によって示す。これは，各領域，指標における分布を上位と下位に分割した2×2の相関表により算出したものである。

発達の5領域については，いずれの組み合わせも有意な連関を示し，これらの領域が相互に関連しあっていることがわかる。そのうち，特に高い連関は「探索・操作」と「社会」および「食事・排泄・生活習慣」，「社会」と「食事・排泄・生活習慣」の間などにみられる。

読字数についてみると，やはり「理解・言語」と最も高い連関を示すが，その他の領域とも有意な連関を示している。

これに対して自閉・非自閉の別については「社会」，「食事・排泄・生活習慣」，「探索・操作」とは負の有意な連関（自閉群の方が発達年令が低い）を示すが，「運動」および「理解・言語」とは有意な連関は示されなかった。また，CAは，「食事・排泄・生活習慣」，「探索・操作」，「理解・言語」と有意な連関を示した。

自閉・非自閉の別と読字数およびCAとの連関は有意でなかったが，読字

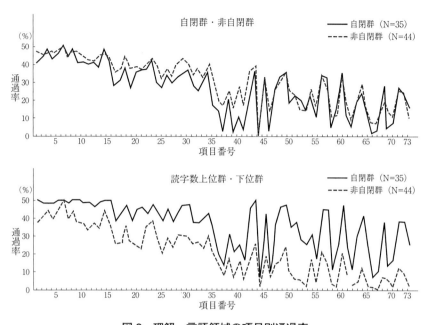

図2　理解・言語領域の項目別通過率

数とCAとの連関は有意であった。

3）「理解・言語」領域項目の弁別性

前述したとおり発達質問紙中の「理解・言語」領域は読字数とは連関を示したが，自閉・非自閉の別とは有意な連関を示さなかった。しかし，全体としての連関は示されなくとも，「理解・言語」領域を構成する73項目を分析することにより，自閉群の言語能力についての知見を得ることができると考えた。図2に73項目の通過率を示す。

自閉群と非自閉群を比較すると，全体としてやや非自閉群の方が通過率が高い。73項目のうち55項目（75％）は非自閉群の方が高くなっている。また，読字数の上位群と下位群についてみると，いずれの項目も上位群の方が通過率が高い。

つぎに，通過率の差の大きい項目の上位10位までを表3に示す。同表には差を示すx^2値と項目の弁別力を示すϕ値をあわせて示した。

表 3　通過率の差上位 10 までの項目

自閉群・非自閉群				読字数　上位群・下位群			
項目番号	％の差	χ^2	弁別制(ϕ)	項目番号	％の差	χ^2	弁別制(ϕ)
40	31.6	8.12**	.321	51	64.7	33.31**	.649
35	29.3	6.72**	.292	68	62.1	30.60**	.622
37	28.4	9.30**	.343	64	59.4	28.00**	.595
39	26.1	8.22**	.323	57	59.2	29.06**	.607
41	25.5	7.22**	.302	48	59.2	29.75**	.614
32	23.6	4.73*	.245	72	57.0	25.66**	.570
46	21.6	6.21*	.280	42	56.6	27.65**	.592
69	20.9	5.31*	.259	60	54.0	26.60**	.580
19	20.7	3.72*	.217	73	52.4	26.30**	.577
55	20.4	4.60*	.241	63	52.2	23.20**	.542

N = 79,　df = 1,　$^*p < .05$,　$^{**}p < .01$

　まず，自閉群と非自閉群についてみると，項目 40「みききしたことを，母親や先生に話をする」は，自閉群 22.9％，非自閉群 54.5％で非自閉群の方が 31.6％高い。第 2 位の項目 35「テレビで，子どもが主人公になっている物語を熱心にみる」は，自閉群 34.3％，非自閉群 63.6％で非自閉群が 29.3％高い。同様に，第 3 位の項目 37「きいていた話がとぎれそうになると，『そうしてどうしたの』と，さいそくする」は，自閉群 5.7％，非自閉群 34.1％で非自閉群が 28.4％高い。同様に項目 39「絵本をみながら，子ども同士いろいろのことを話し合う」の差は 26.1％，項目 41「経験したことを，他の子に話をする」25.5％といずれも非自閉群の方が高い。

　逆に，自閉群の方が高い項目を上位 3 位まであげてみると，項目 68「ひらがなの本（字を主とした本）を，たいがい読む」は，自閉群 57.1％，非自閉群 38.6％で自閉群の方が 18.5％高い。

　つぎに項目 73「時計の針を正しく読む」は，自閉群 37.1％，非自閉群 22.7％で自閉群が 14.4％高く，項目 52「『た』のつく語，『か』のつく語などと考える」は，自閉群 40.0％，非自閉群 29.5％であり自閉群が 10.5％高い。

　つぎに，読字数の上位群と下位群を比較すると，自閉群・非自閉群において差の大きかった項目とは別の項目が上位にあがっている。最も通過率の差の大きいのは，項目 51「時計をみて，何時か興味をもつ」であり，上位群 77.5％，下位群 12.8％となって，64.7％上位群が高い。第 2 位の項目 68「ひらがなの本（字を主とした本）をたいがい読む」は，上位群 77.5％，下位群 15.4％となり 62.1％上位群が高い。同様に第 3 位の項目 64「きょうは何曜日か，

たいていわかる」は，上位群 82.5％，下位群 23.1％となり，59.4％上位群が
高い。第 4，5 位についてみると，項目 57「数字をかく」上位群 90.0％，下
位群 30.8％，項目 48「数字をひろい読みする」上位群 92.5％下位群 33.3％
となっている。

　これらの項目は，いずれも有意な弁別性を示しておりそれぞれ自閉群と非
自閉群，あるいは読字数上位群と下位群をよく弁別する項目であるといえよ
う。

4）「理解・言語」領域項目の相互関連性

　表 3 に示した弁別性の高い項目について，その相互関連性をみるために ϕ
行列を作成した。表 4-1 は，自閉群・非自閉群を弁別しやすい項目について
の ϕ 行列，表 4-2 は，読字数の上位群と下位群を弁別しやすい項目について
の ϕ 行列である。

　まず，表 4-1（自閉群・非自閉群）についてみると最も高い連関は，項目
32「『ボク』，『ワタシ』などという」と項目 19「お話をきくことが好きになっ
た」との間（$\phi = .861$）にみることができる。また，項目 40「みききしたこ
とを母親や先生に話をする」は，項目 35「テレビで子どもが主人公になっ
ている物語を熱心にみる」との間（$\phi = .682$）および，項目 41「経験したこ
とを，他の子に話をする」との間（$\phi = .658$）に高い連関を示し，これらの
項目が一群を形成している。項目 41 はさらに項目 39「絵本をみながら，子
ども同士いろいろのことを話し合う」とも高い連関（$\phi = .627$）を示してい
る。このほかにも，項目 40 と項目 37「きいていた話がとぎれそうになると，
『そうしてどうしたの』とさいそくする」，項目 35 と項目 19 などが高い連関
を示している。

　つぎに，表 4-2（読字数上位群と下位群）についてみると，項目 51「時計
をみて何時か興味をもつ」と項目 72「日付けを理解して正しく読む」との
間に高い連関（$\phi = .728$）が認められ，項目 72 は，項目 68「ひらがなの本（字
を主とした本）を，たいがい読む」との間（$\phi = .748$）および項目 64「きょ
うは何曜日か，たいていわかる」との間（$\phi = .775$），さらに項目 42「いろ
いろの曜日のあることを知っている」との間（$\phi = .732$）とも高い連関を示

表 4-1　通過率の差の大きい項目のφ行列（自閉群・非自閉群）

項目番号	40	35	37	39	41	32	46	69	19	55
40	−									
35	.608	−								
37	.572	.394	−							
39	.547	.435	.426	−						
41	.658	.416	.450	.627	−					
32	.450	.486	.388	.373	.402	−				
46	.562	.392	.402	.508	.538	.344	−			
69	.354	.435	.426	.138	.177	.242	.179	−		
19	.431	.570	.312	.363	.391	.861	.334	.297	−	
55	.474	.416	.523	.252	.424	.402	.459	.402	.328	−

N = 79, df = 1, φ .05 = .432, φ .01 = .746

表 4-2　通過率の差の大きい項目のφ行列（読字数上位群・下位群）

項目番号	51	68	64	48	57	72	42	60	73	63
51	−									
68	.669	−								
64	.655	.678	−							
48	.433	.662	.601	−						
57	.475	.702	.545	.733	−					
72	.723	.748	.775	.489	.586	−				
42	.678	.589	.683	.589	.543	.732	−			
60	.513	.639	.507	.724	.679	.617	.634	−		
73	.700	.683	.602	.488	.515	.649	.475	.436	−	
63	.516	.654	.504	.526	.451	.666	.564	.518	.552	−

N = 79, df = 1, φ .05 = .432, φ .01 = .746

している。また，項目 68 は，項目 57「数字を書く」とも連関（ϕ = .702）があり，項目 57 は，項目 48「数字をひろい読みする」との間（ϕ = .733）および，項目 60「ひらがなを，ほとんど全部読む」との間（ϕ = .724）にも連関を示している。

　ここで，項目 60 は，直接ひらがな文字にかかわる項目であるので，これと他の項目の連関をまとめてみると，まず，連関の高い項目としては，

項目 30　名まえをきくと，姓と名をいう（ϕ = .770）

項目 43　自分の名まえを読む（ϕ = .798）

項目 45　まちがえると，消ゴムを使ってなおす（ϕ = .724）

項目 48　数字をひろい読みする（ϕ = .724）

項目 56　ひらがなの短いことばを一字ずつひろい読みする（ϕ = .914）

などである。

また，連関の低い項目は，

項目 37　きいていた話がとぎれそうになると，『そうしてどうしたの』と
　　　　さいそくする（$\phi = .290$）
項目 44　テレビでみたことを話題にして，友だち同士で話をする（$\phi = .212$）
項目 58　なぞなぞをする（$\phi = .274$）
項目 62　たずねられると，幼稚園や学校にいく道順を説明できる。（$\phi = .274$）
項目 66　トランプの神経衰弱をする（$\phi = .228$）
項目 67　父や母の年令に興味をもって，たずねる（$\phi = .228$）

などである。

4　考　　察

　各領域・指標間の ϕ 行列（表 2）によれば，発達のすべての領域間に有意
な連関が示され，とくに「探索・操作」と「社会」と「食事・排泄・生活習慣」
において高い連関が認められた。従って，一般的には，児童の発達段階はこ
れらの各領域によって総合的に示されると考えることができよう。これらの
各領域は読字数とも有意な連関を示していたので，ひらがな文字読みの水準
が児童の発達段階をある程度，反映しているものと考えることができよう。
　自閉・非自閉の別と発達との関連については，「探索・操作」，「社会」，「食事・
排泄・生活習慣」との間に負の連関が見られ，中でも「社会」は有意に高かっ
た（$p < .01$）。つまり，自閉群においては，非自閉群よりも社会性の発達が
遅れていることが認められた。このことは Wing[12] の臨床的記述と診断の枠
組（A scheme for crinical description and diagnosis）の中で，（A）基本的
障害，（B）特別な能力，（C）二次的行動障害とわけた中で，（c）二次的行
動障害中の「他人とくに子どもからの明白な孤立，無関心」をあげているこ
とと一致している。

一方，自閉・非自閉の別と「運動」，「理解・言語」および読字数について
は有意な連関は見い出されなかった。しかしながら，「理解・言語」領域を
形成する73の項目について詳細に比較した結果（図2，表3）は，自閉群は
非自閉群よりも，この領域における発達が，ある特徴をもって遅れていること
とを示唆しているように思われる。

　通過率の差の大きい項目の上位5位まで（いずれも非自閉群の方が高い通
過率を示す）の内容は次のようである。

　項目40　みききしたことを，母親や先生に話をする
　項目35　テレビで，子どもが主人公になっている物語を熱心にみる
　項目37　きいていた話がとぎれそうになると，『そうしてどうしたの』と
　　　　　さいそくする
　項目39　絵本をみながら，子ども同士いろいろのことを話し合う
　項目41　経験したことを，他の子に話をする

　これらはいずれも会話に関するものであり，社会性にもつながる，比較的
高い情報処理水準を要求する項目である。
　一方，自閉群が高い通過率を示した項目の内容は，

　項目68　ひらがなの本（字を主とした本）をたいがい読む
　項目73　時計の針を正しく読む
　項目52　「た」のつく語，「か」のつく語などと考える
　項目57　数字をかく

などであり，会話を必要としない項目といえよう。
　このような傾向については，DeMyer[3]が，WISC言語性下位検査を用い
て行った研究にもみることができる。すなわち，DeMyerは，初診時自閉症，
予後調査時精神薄弱（Autistic → no longer withdrawn），初診・予後とも精
神薄弱（Retarded → retarded），初診・予後とも自閉症（Autistic → autistic）
の3グループについて，一般的知識，一般的理解，算数問題，類似問題，単

語問題，数唱問題に関する下位得点の平均を比較した。その結果，3群とも異った知的水準を示し，上位は初診自閉症——予後精神薄弱のグループであり，中位は初診・予後とも精神薄弱のグループ，下位は初診・予後とも自閉症のグループとなっている。ここで特徴的なのは，初診自閉症の2グループにおいてはいずれも，下位検査項目中の一般的理解は低いが，数唱問題（数系列の直後再生）の得点が高いことである。

また，Prior[8] は，CA およびピーボディ絵画語い検査で測られた IQ が同様である自閉群と精薄群について ITPA を実施している。ITPA の各項目の中で，自閉群（ここでは高 IQ 自閉群，低 IQ 自閉群に分類）はほとんどの項目にわたり得点が低いが，聴覚配列記憶（auditory sequential memory）のみ高 IQ 自閉群が高い。これは2桁の数から，8桁の数の記憶の問題である。

これに関連して，上野・渡辺 [11] は，ITPA の因子分析の結果，この聴覚配列記憶を独立の因子として見い出している。かれらの研究により，第1因子は言語の認知ないし言語における推論を含む「言語理解能力」と名づけられた。また，第2因子としては，「表現能力」，第3因子としては「図形理解能力」が抽出され，第4因子として上記の「聴覚配列記憶」および「語音完成」，「聴覚構成」の下位検査に高い負荷を示す因子が抽出されたのである。

Prior[8] の研究により，自閉児が高い値を示した「聴覚配列記憶」は数字系列による記憶範囲（memory span）の検査であるが，「語音完成」，「聴覚構成」の下位検査もそれぞれの語音，単語を聴覚的に提示し，再生するという一種の span type の検査である点が共通している。この意味で，上野は，抽出された第4因子を「聴覚的短期間記憶能力」と名づけている。前に述べた自閉群の方が高い通過率を示した項目は，どちらかといえば，この第4因子を基礎とする行動についての項目であるようにも思える。

ITPA は，Osgood の媒介仮説に基づいて，児童の言語能力を，回路（channel），過程（process），水準（level）の3次元でとらえようとするものである（三木ら [5]）。そして，そのうちの水準は，次の2つに区別されている。すなわち，表象（representational）水準——ものの意味を伝える表象を取り扱う複雑かつ高度な水準——と自動（automatic）水準——習慣によって強く組織化され結合されていて，あまり意識しなくても反応が自動的に行な

われる水準──である。

　上野らは，かれらの第4因子を，この自動水準に関する因子であると考えている。とすれば，自閉群は表象水準の情報処理については多くの場合非自閉群よりも劣るが，自動水準の情報処理（機械的記憶といってもよいかもしれない）については，非自閉群よりも優れる場合がある，と考えることもできよう。このことは，Hermelin と O'Connor[4] が，自閉症児では入力そのものに主な障害があるのでなく，そこにもたらされている情報を能率的に処理する過程に障害があるので，そうした障害のため，彼らは事態への対応を機械的記憶に依存しがちであると指摘していることと一致しよう。

　つぎに読字数についてみると，読字数の上位群は下位群よりも，発達のどの領域でも優れていた。すなわち，上位群の方が発達年令が全般にわたり高い。「理解・言語」領域における発達年令の平均は読字数上位群は約60カ月（5歳），下位群は約30カ月（2歳6カ月）を示した。文字読みのできる年令は，天野・村石の調査から4〜5歳という結果が示されているが，このことからも上位群が「理解・言語」領域で5歳レベルを示したことは当然といえよう。

　ただし，この発見からだけでは，ひらがな文字読みという課題がどの水準の能力を要求しているのかについての明確な示唆を得ることはむずかしい。そこで「理解・言語」領域で読字数の多少を弁別しやすい項目をみてみると，

　　項目51　時計をみて，何時か興味をもつ
　　項目68　ひらがなの本（字を主とした本）をたいがい読む
　　項目64　きょうは何曜日かたいていわかる
　　項目57　数字をかく
　　項目43　数字をひろい読みする

などがあげられ，興味深いことに，自閉群が非自閉群よりも優れている項目とある程度一致するのである。そして，それらの項目は必ずしも表象水準の情報処理を必要とせず，自動水準の情報処理でも可能な課題であるように思われる。すなわち，ひらがな文字読みのためには，自動水準の能力は必要とされるが，それは必ずしも表象水準の情報処理ができることを保証しない，

と考えることができるのではないだろうか。一方，自閉群の児童は表象水準の情報処理は困難であるが，自動水準の情報処理については，非自閉群と同じかそれよりも優れる場合がある。このように考えれば，自閉・非自閉の別と読字数の多少との間に有意な連関が見い出せなかったことも，もっともであると考えられよう。

　天野[2] は，発達遅滞児において多くのかな文字を読みながら，音節分解行為を完全に行うことができないケースがしばしばあると報告しているが，このことを自動水準と表象水準の枠組で考えると非常に興味深いように思われる。

　このような意味で，中根[7] による「自閉症児は抽象能力，カテゴリー化の能力に大きな欠陥がある反面，暗記力には大きな障害がない。こうした欠陥を克服し，新しい能力を身につけさせるのが治療や教育であるとすればたとえば何歳頃になればどんな力が伸びてきて，他の障害されない能力と結びついて問題の解決へと一歩前進するかという見通しが重要になる」という指摘はきわめて適切な示唆のように思われる。

　従って，今後の課題としては，「理解・言語」領域と連関が示された他の領域について，情報処理の表象水準，自動水準との関連でさらに詳細な分析がなされる必要があろう。

第3章
自閉児の視知覚能力と文字の読み書き水準
および行動特徴との関連

1 問　題

　外界の情報は，感覚器官で受容され，中枢で処理される。Hermelin & O'Connor[6] の一連の研究は，自閉児においてこの間のプロセスに何らかの障害があることを示唆している。

　Hermelin & O'Connor[6] の弁別実験では,明暗,大きさ,形,方向性について，ことばのある自閉児，ことばのない自閉児，精薄児統制群の比較を行っている。結果として，ことばのある自閉児は，明るさと大きさの弁別よりも，形と方向の弁別を学習するのにより多くの試行が必要であったし，ことばのない自閉児は，これらの弁別課題を解くことができなかった。

　一方，鈴木ら [12] は，微細脳障害，学習障害児における視覚認知について報告している。Frostig 視知覚発達検査を実施した結果，これらの児童の全PQ は一般に低い傾向を示し，下位検査においても異常を見い出している。

　各下位検査で異常出現頻度が高いのは，「視覚と運動の協応」が最も高く，次に下位検査Ⅳ「空間における位置」である。

　障害における症状との関係については，微細脳障害の症状——（多動性行動異常・不器用で神経学微症状）——の有無による群の比較を行っている。それによると「多動性行動異常」では出現頻度に有意な差はみられなかったが，「不器用で神経学微症状」においては，下位検査Ⅳ「空間における位置」に有意な差を見い出している。

　微細脳障害と自閉症との異同については，別途，慎重な検討が必要だけれども，その徴候において両者には重なり合う面が少なからず認められることから，ある程度共通の原因論を議論できるように思われる。

　この意味で，自閉児の視覚認知についても，微細脳障害，学習障害児とあ

表1 CAの分布

級　間	頻　度	級　間	頻　度
81 - 85	2	116 - 120	2
86 - 90	4	121 - 125	4
91 - 95	0	126 - 130	6
96 - 100	4	131 - 135	7
101 - 105	8	136 - 140	2
106 - 110	3	141 - 145	0
111 - 115	6	146 - 150	4

級間の単位＝月，N＝52

る程度類似した傾向を示すものと考えられる。それはまた言語能力とも関連することが予想される。

2　目　　的

　自閉児の視知覚能力について，Frostig 視知覚発達検査を用いて検討し，精神遅滞児と比較する。また，ひらがな・文字の読み・書きの水準，および行動特徴についても合わせて検討し，これらの能力の相関関係を探る。

　ここでの視知覚という用語は，単に見る能力ではなく，Frostig[3] がいうように，「視覚的刺激を認知して弁別し，それらの刺激を以前の経験と連合させて解釈する能力」という意味である。

3　方　　法

　対象児：T県下における自閉症を疑われている児童27名（男児18名，女児9名），K市立，Y市立小学校特殊学級児童25名（男児16名，女児9名）の計52名（男児34名，女児18名）である。T県下の児童については，1名が養護学校に，残りは小学校の特殊学級に在籍している。CAの分布は表1のとおりであり，最大149カ月，最小81カ月，中央値115カ月である。

　知能検査については，52名のうち42名（81％）が未検査ないしは測定不能ということであった。

　手続き：(1) 視知覚能力は Frostig 視知覚発達検査を用いた。実施要領に準じて個別に，担任の教師あるいは筆者が実施した。(2)ひらがな文字の読み・書き水準については，質問紙により担任の教師が評定した。読みの水準は「全然読めない」から「全部読める」までの9段階，書きの水準については「全

然書けない」から「ほとんど書ける」までの4段階で評定した。(3) 行動特徴は，Wing[15] の自閉児のための「臨床的記述と診断の枠組」により作成した35項目からなる質問紙を用いて，担任の教師がハイ／イイエの2件法で評定した。

4　結果の処理

　(1) 対象児を自閉的傾向を疑われる自閉群と，そうでない非自閉群に分類し，結果を比較した。自閉群として医師の診断により自閉症と診断されたもの26名（男児18名，女児8名）とその他の非自閉群26名（男児16名，女児10名）に分類された。なお，CA について，両群の間には中央値テストの結果，有意差が得られず（$\chi^2 = 1.925$, $df = 1$），従って両群の CA はほぼ等質であると考えられる。

　(2) 視知覚能力については Frostig 視知覚発達検査[2] の実施要領に基づいて各下位検査ごとの知覚年齢を算出した。文字の読み書き水準については段階別の単純集計，行動特徴については各項目の単純集計および総チェック数を算出した。

5　結　　果

1）視知覚能力

　Frostig 視知覚発達検査の，視覚と運動の協応（Ⅰ），図形と素地（Ⅱ），形の恒常性（Ⅲ），空間における位置（Ⅳ），空間関係（Ⅴ）という各下位検査ごとに，自閉群26名，非自閉群26名の平均知覚年齢（PA）を算出すると，図1のようになる。また，群間の差をみるために，各下位検査ごとに分布を中央値で分割し，中央値テストを施した結果が，表2に示される。

　どの下位検査においても，自閉群は下位群の方に多い傾向がみられたが，とくにⅣの空間における位置（$p < .02$）と，Ⅱの図形と素地（$p < .05$）では有意に自閉群の方が非自閉群より劣っていた。

2）ひらがな文字の読み・書き水準

　読みの水準についての分布を図2に，書きの水準についての分布を図3に，

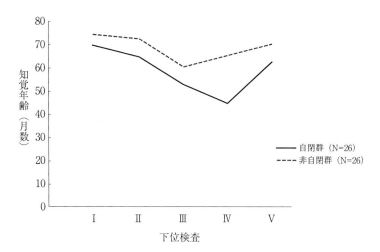

図1 下位検査の知覚年齢

表2 各群の上位群・下位群と項目の連関

Ⅰ 視覚と運動の協応

	自閉群	非自閉群	
上位	12	14	26
下位	14	12	26
	26	26	52

$\chi^2 = 0.31$

Ⅱ 図形と素地

	自閉群	非自閉群	
上位	10	18	28
下位	16	8	24
	26	26	52

$\chi^2 = 4.95^*$

Ⅲ 形の恒常性

	自閉群	非自閉群	
上位	9	25	25
下位	17	27	27
	26	52	52

$\chi^2 = 3.77$

Ⅳ 空間における位置

	自閉群	非自閉群	
上位	9	18	27
下位	17	8	25
	26	26	52

$\chi^2 = 6.24^{**}$

Ⅴ 空間関係

	自閉群	非自閉群	
上位	11	15	26
下位	15	11	26
	26	26	52

$\chi^2 = 1.23$

*p＜.05
**p＜.02
(df = 1)

それぞれ群別に示した．

　読みについては，ひらがな71文字を全字読める者が両群ともそれぞれ16名（62％）おり，書きについては，ほとんど書ける者が両群ともそれぞれ15名（58％）いた．自閉群と非自閉群の間には，読みの水準・書きの水準

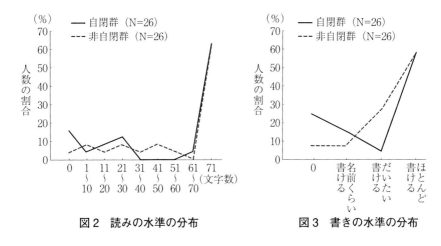

図2 読みの水準の分布　　　図3 書きの水準の分布

ともに有意差（それぞれ $\chi^2 = 0$）はなかった。

3）行動特徴

Wing[15] を参考に作成した35項目のうち，特に自閉群と非自閉群の差が著しかったのは，「不適切な情緒的反応」（自閉群のチェック人数17名，非自閉群2名，$\chi^2 = 18.66$，df = 1，p＜.001），「社会的に未成熟で他人迷惑な行動がみられる」（自閉群20名，非自閉群5名，$\chi^2 = 17.33$，df = 1，p＜.001），「反復的・ステレオタイプでゆうづう性のない単語または句の使用がみられる」（自閉群16名，非自閉群2名，$\chi^2 = 16.65$，df = 1，p＜.001）などであった。また，チェックされた項目数の平均は，自閉群11項目，非自閉群3項目であった。中央値テスト（7項目以上を上位，6項目以下を下位）の結果，自閉群の方が非自閉群よりも有意に多い項目にチェックされた（$\chi^2 = 27.81$，df = 1，p＜.001）。

なお，使用された35項目を，Wing[15] の枠組にそって18の行動特徴に整理し，群別のチェック人数を示すと以下のようになる（各行動特徴の末尾にカッコ書きでチェック人数を示す。前者が自閉群，後者が非自閉群の数字である）。

A　基本的障害

1．ことばとコミュニケーションの障害

（a）話しことば

（ⅰ）ことばを理解する上での障害（10/7）

（ⅱ）ことばの使用における異常（22/15）

（b）話しことばでない非言語性のコミュニケーション

（ⅰ）身ぶり，ものまね，表情，体の姿勢，声の抑揚などで伝えられてくる情報を理解できにくい（4/3）

（ⅱ）身ぶり，ものまね，表情，体の姿勢，声の抑揚を使って情報を伝えることができない（5/3）

2. 感覚の体験における異常な反応（13/0）

3. ものを見るときの異常（9/6）

4. 運動の摸倣の障害（16/3）

5. 運動のコントロールの障害（14/4）

6. 身体的発達，自律的機能，前庭のコントロールにおける異常（13/2）

B　特別な能力

（ⅰ）ことばを必要としない機能，たとえば音楽，計算，機械とか電気器具の分解と組み立て・はめ絵・おもちゃの組み立てなど（8/3）

（ⅱ）異常なまでの記憶。最初に知覚したものを完全なかたちで長い間とどめておく能力（8/0）

C　二次的行動障害

1. 他人とくに子どもからの明白な孤立・無関心（9/1）

2. 変化に対する極端な抵抗と，ものとかきまりきった手順への執着，またはあることへの反復的で生産的でない興味（13/1）

3. 不適切な情緒的反応（17/2）

4. 想像力の欠如

（a）想像的あそび，あるいは創造的活動ができないこと（15/6）

（b）全体の場面の意味を受けとめないで，人とかものなどのささいな部分に注意をはらう傾向があること（9/5）

（c）反復的活動，常同的運動，自傷行為などに夢中になること（9/0）

5. 社会的に未成熟で，他人迷惑な行動がみられること（20/5）

4）全調査項目の相関関係

上記の（1）から（3）までの検査項目に，自閉・非自閉の群および CA を加えた 45 項目の相関関係をみるために，φ係数マトリックスを算出した。項目の一覧を表 3 に示す。

表 3 中，1 から 35 までは，Wing[15] による行動特徴の項目，36 から 40 までは Frostig 視知覚発達検査の下位検査，41 は読みの水準，42 は書きの水準，43 は群，44 が CA，45 は 1 から 35 までのチェック数である。項目 36 ～ 42，および 44 ～ 45 は分布をみて上位と下位に 2 分割され，全項目とも（1，0）コードによりφ係数マトリックスが算出された。φ係数の高い項目の組み合わせを，上位 30 位までを表 4 に示す。

読みの水準（41）と書きの水準（42）の連関が最も高く，以下，空間における位置（39）と図形と素地（37），話しことばの文法的未熟さ（7）と反復的・ステレオタイプの語句（5），行動特徴のチェック数（45）と自閉・非自閉（43）などと続いている。

5）全調査項目の因子分析

全 45 項目の相関関係の構造をは握するため，因子分析を実施した。ただし，ここでは近似的な解が得られればよいと考えて，（4）のφ係数マトリックスによらずに表 3 の各項目における（1，0）の数値により直接バリマックス法によって因子分析を行った。いずれかの因子に負荷の明瞭な（0.5 以上）15 項目について，その第 3 因子までを表 5 に示した。

第 1 因子に負荷が高いのは，1，5，6，7 などの言語の問題に関する項目と自閉・非自閉の別および行動特徴のチェック数である。第 2 因子に負荷が高いのは，図形と素地，空間における位置および読みと書きの水準である。第 3 因子は，14，15，20 などの感覚の問題および自閉・非自閉の別に負荷が高かった。

6　考　　察

まず，視知覚能力については，「空間における位置」と「図形と素地」において自閉群の方が有意に非自閉群よりも劣っていた。

102　第Ⅱ部　自閉スペクトラム症児への教育に関する研究

表3　前検査項目一覧

項目番号	内　　容
1	ことばを理解する上で障害がある
2	ことばを全く話さない
3	話しはするが即刻のおうむ返しがみられる
4	話しはするが以前に話されたことがをおうむ返しでいう
5	反復的・ステレオタイプでゆうづう性のない単語または句の使用がみられる
6	あなた・わたしなどの代名詞の使用における混乱がある
7	自発的な話しことばの文法的な構成の未熟さがみられる
8	声の速さ・強さ・抑揚を加減できない
9	発音に問題がある
10	身ぶり・ものまね・表情・体の姿勢・声の抑揚などで伝えられてくる情報を理解できにくい
11	身ぶり・ものまね・表情・体の姿勢・声の抑揚を使って情報を伝えることができない
12	音に対する異常な反応がみられる
13	視覚刺激に対する異常な反応がみられる
14	痛みとか寒さに対する異常な反応がみられる
15	触れられることに対する異常な反応がみられる
16	目を向けられている方向とちがうところを見る傾向がある
17	人とか物を見るとき，じっとみつめるよりも，ほんの一瞬だけちらっと見る傾向がある
18	他人のする動作をそのまままねることがむずかしい
19	左右・上下・前後を混同する傾向がある
20	とびはねる，四肢をばたつかせる，体をゆする，しかめっ面をするときなどのコントロールに障害がある
21	歩くとき両手をうまく合わせて振ることができず，また跳ねるようにつまさきで立って歩く
22	自発的な大きな動作あるいはかなり技術を要する繊細な運動をまねることはむずかしいが，別の動作は上手に機敏にできる
23	不規則な睡眠，鎮静剤，睡眠剤の効果があまりない
24	多量の流動食（食物）の摂取を含む不規則な飲食のパターンがみられる
25	ぐるぐるまわっても目がまわらない
26	顔つきが幼くて，顔の左右対称が同じでない
27	ことばを使用しないが次のような技能がある。たとえば音楽・計算・機械とか電気器具の分解と組み立て・はめ絵（プラモデルなどの）おもちゃの組み立てなど
28	異常なまでの記憶がある。最初に見たり聞いたりしたものを完全なかたちで長い間とどめておく
29	他人とくに子どもからの明白な孤立・無関心がみられる
30	変化に対する極端な抵抗と，ものとかきまりきった手順への執着，またあることへの反復的で生産的でないことへ興味をもつ
31	不適切な情緒反応
32	想像的あそびあるいは創造的活動ができない
33	全体の場面の意味をうけとめないで，人とかものなどのささいな部分に注意をはらう傾向がある
34	反復的活動，常同的運動，自傷行為などに夢中になる
35	社会的に未成熟で，他人迷惑な行動がみられる
36	Frostig Ⅰ　視覚と運動の協応
37	Frostig Ⅱ　図形と素地
38	Frostig Ⅲ　形の恒常性
39	Frostig Ⅳ　空間における位置
40	Frostig Ⅴ　空間関係
41	読みの水準
42	書きの水準
43	自閉群・非自閉群
44	CA
45	Wing による項目のチェック数

第3章　自閉児の視知覚能力と文字の読み書き水準および行動特徴との関連　103

表4　φ係数の高い項目の組み合わせ

順位	項目の組み合わせ	φ	順位	項目の組み合わせ	φ
1	42 × 41	.923	16	45 × 18	.556
2	39 × 37	.808	17	5 × 7	.542
3	7 × 5	.756	18	45 × 35	.541
4	45 × 43	.731	19	39 × 38	.541
5	40 × 37	.694	20	45 × 5	.538
6	40 × 39	.654	21	6 × 4	.522
7	43 × 21	.599	22	20 × 2	.520
8	6 × 1	.596	23	43 × 30	.520
9	30 × 25	.595	24	31 × 14	.520
10	45 × 30	.584	25	35 × 5	.531
11	38 × 37	.582	26	25 × 17	.513
12	43 × 35	.577	27	40 × 38	.500
13	6 × 5	.568	28	38 × 36	.500
14	43 × 5	.566	29	45 × 31	.490
15	7 × 1	.560	30	43 × 18	.489

表5　因子行列

項目番号	第1因子	第2因子	第3因子	内　容
1	.580	− .144	− .355	ことばを理解する上で障害がある
2	− .107	− .383	.533	ことばを全く話さない
5	.851	.163	.032	反復的・ステレオタイプでゆうづう性のない単語または句の使用がみられる
6	.676	.126	.181	あなた・わたしなどの代名詞の使用における混乱がある
7	.782	.009	.227	自発的な話しことばの文法的な構成の未熟さがみられる
14	.170	.061	.622	痛みとか寒さに対する異常な反応がみられる
15	.049	.106	.655	触れられることに対する異常な反応がみられる
20	.030	.177	.678	とびはねる，四肢をばたつかせる，体をゆする，しかめっ面をするときなどのコントロールに障害がある
35	.631	.175	.049	社会的に未成熟で，他人迷惑な行動がみられる
37	.191	.605	.175	Frostig Ⅱ　図形と素地
39	.293	.574	.184	Frostig Ⅳ　空間における位置
41	.079	.942	.013	読みの水準
42	.052	.947	.068	書きの水準
43	.666	.071	.510	自閉群・非自閉群
45	.736	.190	.389	Wing による項目のチェック数

「空間における位置」の課題は，「事物と観察者との相対的な位置関係の知覚」[4] とされているが，検査内容は5つの形態の中から1つだけ異った形態を見つけだす課題と，標準図形と同じ形態を4つの形態の中から見つけ出す課題から成り立っている。

鈴木ら [12] も，微細脳障害・学習障害児において，不器用で神経学微症状

のみられる群とそうでない群について比較検討したところ，各下位検査とも前者の群において異常頻度が高く，ことに，「空間における位置」において有意な差が見い出されたと報告している。

　一方，Hermelin & O'Connor[6] の行った弁別課題（①特定の形のついた箱を2つの箱の中から選ぶ　②空間の位置を正しく選ぶ）において，自閉児は形の課題が空間の位置の課題よりも困難であった。Frostig の「空間における位置」テストも，その課題の内容は，Hermelin らの形の課題と類似しており，両者とも，視覚−図形的要素の弁別同定課題とでもいうべきものである。この意味で，Hermelin らの結果は，本研究によっても追証されたと考えることができよう。鈴木らの結果との類似性からは，「自閉症」と「微細脳障害」，「学習障害」との症候論と原因論に関する新たな研究課題が生じてくるように思われる。

　つぎに，「図形と素地」についてみると，この課題は，「視野の一側面を，その視野の他の部分と関連づけて知覚しながら，その側面に注意を集中する能力」[4] で，検査内容は，他の図形と交差している図形を弁別するものである。Hermelin & O'Connor[6] は視覚弁別課題について，自閉児は，「視覚刺激に対する注目が持続せず，そのような刺激間の比較がほとんど行われず，そのため視覚的に提示されたデータの処理と利用に欠陥が生じるであろう」と指摘している。図と地の分離は，ある程度の注視時間が必要な課題であり，これがうまくできないことは，事物の属性を抽出する抽象能力にも問題が生じることを予測するように思われる。

　なお，群間の差の最も少ないのは，「視覚と運動の協応」であり，知覚年齢の平均は，自閉群69カ月，非自閉群74カ月である。この課題は，「視覚と身体または身体部分の運動を協応させる能力である」[4] とされ，検査内容は，定められた空間の中を，直線ないしは曲線で目的地まで描くものである。このことに関連して，Hermelin & O'Connor[6] は，「自閉症児は位置の再生について，単純な運動に対するよい短期記憶をもっているばかりでなく，筋肉運動−空間的手がかりを，融通性のある方法で処理できるようにするコードをもっている」と報告しており，本研究における自閉群が，「視覚と運動の協応」については非自閉群とほぼ同様であったことと対応している。

次に，ひらがら文字の読み・書き水準について，筆者[13, 14]の先行調査では，ひらがな文字の読字数の分布は，全体としてはCAに差のない自閉群と非自閉群の間に差は認められず，読字数の多少と自閉・非自閉の間に連関はなかった。本研究も，その結果と同様であった。

　また，書き水準においては，読める児童のほとんどが書字できていた。幼児の書字活動と読みの水準に関して，村石ら[9]の調査によれば，かな文字を60文字以上読めるようになった水準（ただし特殊音節のマスターは0）では，幼児の80％が自分のほかの家族の名前を書き，約50％が簡単な話や手紙を書く活動を行うと報告している。つまり，常にひらがな文字を読み，書くという水準は，自閉性障害の有無とは関連が少ないが，読みの水準と書きの水準との相関は高いといえよう。

　本研究のもうひとつの調査目標である行動特徴については，Wing[15]を参考に作成した35項目のうち，34項目まで自閉群の方が非自閉群よりも出現率が高く，その差の多くは有意であった。とくに差の著しかった項目は，「不適切な情緒的反応」，「社会的に未成熟で他人迷惑な行動がみられる」，「反復的・ステレオタイプでゆうづう性のない単語または句の使用がみられる」などであり，Kanner[7]が最初に記述した自閉の症候が，ここでも代表的な症候として現れている。

　Ornitzら[11]は，自閉児の行動の特徴として，a) 知覚の障害，b) 運動の障害，c) 他人や物と係わっていく能力の障害，d) 言語発達の病理ないし障害，e) 発達の進行度の障害をあげているが，これらはほとんどWingによる診断の枠組の中の諸項目に含まれる特徴である。

　また，チェックされた項目の数を比較してみても，自閉群の方が有意に多く，本研究における自閉群と非自閉群の分類が，Wingの枠組に照らしたときに妥当であったと考えることができる。言いかえれば，Wingの枠組でみる限り，自閉群の障害の程度は非自閉群より重とくである。

　以上の諸項目について，その相関関係が調べられたが，φ値の第1位は「読みの水準」と「書きの水準」との間，第2位は「空間における位置」と「図形と素地」との間，続いて，「自発的話しことばと文法的な未熟さ」と「反復的ステレオタイプでゆうづう性のない単語，または句の使用がみられる」

との間，「○のかず」と「自閉・非自閉」との間である。読み書き水準の関連性については前述のとおりであり，第2位の「空間における位置」と「図形と素地」に際しては，どちらも文字の知覚には重要な項目である。第3位は「話しことば」に関するものであり，文法的な未熟さが，ゆうづう性のない単語，句の使用につながるのであろう。第4位の「○のかず」と「自閉・非自閉」の連関は，自閉・非自閉の弁別性をよく表している。DeMyer ら[1]は脳障害の得点について神経学的評価において，自閉症にはマッチする病理的サインが普通児よりも有意に多いと報告している。

　最後に因子分析の結果，第1因子として負荷の高い項目は（カッコ内は因子負荷量），

　⑤反復的でステレオタイプでゆうづう性のない単語，または句の使用がみられる（0.851）

　⑦自発的な話しことばの文法的な構成の未熟さがある（0.782）

　45Wing の 35 項目の○のかず（0.736）

　⑥あなた・わたしなどの代名詞の使用における混乱がある（0.676）

　43 自閉群と非自閉群（0.666）

　35 社会的に未成熟で，他人迷惑な行動がみられる（0.631）

などであった。自閉群と連関した言語の諸問題に関する項目群である。そこで「自閉症と連関した言語問題」因子と命名できるように思われる。

　つぎに第2因子に負荷の高い項目は，

　42 書きの水準（0.947）

　41 読みの水準（0.942）

　37 図形と素地（0.605）

　39 空間における位置（0.574）

などである。「文字の読み書きと連関した視知覚能力」因子と名づけることができよう。

　第3因子に負荷の高い項目は，

　⑳とびはねる，四肢をばたつかせる，体をゆする。しかめっ面をするときなどのコントロールに障害がある。（0.678）

　⑮触れられることに対する異常な反応がみられる（0.655）

⑭痛みとか寒さに対する異常な反応がみられる（0.622）

などであり，これらは感覚・運動の機能障害・器質障害を思わせるもので
あり，Ornitz ら[11] のいう神経生理的立場からの，感覚 − 運動統合機能の発
達遅滞と対応する。この因子には 43 自閉群と非自閉群（0.510）の負荷も高く，
「自閉症と連関した感覚問題」因子と名づけることができよう。

以上をまとめると，第 1 因子「自閉症と連関した言語問題」因子，第 2 因
子「文字の読み書きと連関した視知覚能力」因子，第 3 因子「自閉症と連関
した感覚問題」因子である。

第 2 因子に関連して，毛利ら[8] は精神薄弱児において，「空間における位置」
のテストと「視覚による単語弁別」，課題の間に有意な相関を見い出している。
自閉群の中にも，第 2 因子にかかわる能力について，高い児童と低い児童が
区別された。意志伝達の有効な手段となる文字の習得に視知覚能力が寄与し
ていることが示唆されたが，Frostig の提唱する視知覚能力訓練法[3, 5] など
を参照して実践的な手だての開発をする必要があろう。岡山大学附属養護学
校[10] などでは，精神薄弱児を対象にすでに実践されている。

第 1 因子と第 3 因子は，自閉症の症候論と原因論に関して，ひとつの枠組
を提供するように思われる。「微細脳障害」，「学習障害」との関連も今後，
検討されなければならないだろう。

第4章
情緒障害学級の成立過程の比較研究
——東京・大阪を中心にして——

1 問　題

　昭和44年（1969）9月に我が国ではじめて，東京都杉並区立堀之内小学校[25]に情緒障害特殊学級が開級されて以来，20年が経過した。この学級が作られた背景には，自閉症児の親の会や自閉症児にかかわりのあった教師，あるいは医学や心理学の専門家たちの努力がある。これを反映して，開級当初の対象児は，主に自閉症，あるいは自閉的傾向児であった。当時，自閉症が比較的新しい研究分野であったため，教育における指導内容や方法についても模索の段階であり，臨床心理[1]の流れをくむ治療的な面が重視されていた。

　ところが，自閉症の概念の変遷にともなって，近年[12]，治療的な側面よりも，発達を積極的に援助する教育的な側面が重視されるようになってきた。同時に，対象児の多様化にともなって，教育の内容・方法も，それらに対応して提供する必要にせまられている。

　そこで，現時点での情緒障害学級の経営は，量的・質的面からも転換をせまられることになる。その方向としては，学級がさらに分化されていくのか，あるいは統合されていくのか，また，この場合の学級の形態はどうか，さらに教育課程はどうかなどの諸問題が考えられなければならない。

　そのため，本研究では東京・大阪を中心にして，情緒障害教育に関する歴史的な流れを整理することによって，現時点での諸問題を明らかにし，今後の情緒障害教育の発展のための示唆を得たい。

2 目　的

　東京・大阪地区を中心にして，情緒障害学級成立の過程を整理，比較し，

問題点を明らかにすることによって，今後の情緒障害学級における教育の充実のための示唆を得る。

3　方　　法

　情緒障害学級の設立から今日までの経過に関する資料を収集し，分析するとともに，当時の関係者に面接し，関連事象を記録，分析した。

　関係機関としては文部省関連部局，都道府県教育委員会，情緒障害特殊学級，情緒障害児短期治療施設などである。関係者としては，当時の情緒障害学級の担任教諭，全国情緒障害教育研究会，東京・大阪の自閉症児親の会あるいは全国協議会の設立の関係者である。

4　結　　果

1）大阪における情緒障害特殊学級のできるまで

　大阪府において情緒障害学級が設立されるまでの経過を，関係のあった団体ごとにまとめて報告する。

1）「情緒障害児短期治療施設」

　情緒障害児のための学級の設置の契機となったのは，大阪では特に「情緒障害児短期治療施設（以下，情短施設[10]）」ができたことによるといわれている。この施設[14, 15]は，昭和36年の児童福祉法の一部改正によって新しく作られたもので，昭和37年4月には岡山県立津島児童学院，同年9月に静岡県立吉原林間学園，11月に大阪市立児童院（初代院長　林脩三）が開設されている。現在では，その数が全国で13施設になっている。この施設の目的は，「短期間，入所し，又は保護者のもとから通わせて，その情緒障害をなおすこと」にあり，その対象児は「軽度の情緒障害を有する児童」であった（児童福祉法第43条の5）。

　ちなみに，大阪市立児童院[14]の昭和37年度から60年度までの入所児童数は491名であるが，その問題行動別の分類をみると，1位：登校拒否110（22.40％），2位：盗み・持ち出し84（16.70％），3位：放浪徘徊その他64（13.03％），4位：孤立・内気・小心57（11.60％），5位：反抗・乱暴43（8.75％）となっている。

2）入所児童のための学級の開設

　この情短施設の目的は，前述のとおり軽度の情緒障害を有する児童の情緒障害をなおすことにあるので，施設[15]では心理療法及び生活指導を行い，児童の社会的適応能力の回復を図り，退所後は健全な社会生活ができるように指導が行われている。従って，入所の対象児は，主として環境要因によって情緒障害をきたし，家庭や学校の生活に適応困難となっている児童たちであった。

　入所児童たちの教育の場として，この施設内に昭和 38 年 4 月 1 日，大阪市立明治小学校分校[16]が設立され，複式 3 学級が設けられた。この学級は翌 39 年 4 月 1 日に，情緒障害対象特殊学級として認可され，昭和 41 年 4 月 1 日に 1 学級増設され 4 学級となっている。

3）情緒障害学級の設置

　大阪府[18]に情緒障害学級として学級が設置されるようになるのは，昭和 45 年度からである。このときの学級数は，大阪市立明治小学校（施設内）4，東田辺小学校 1，東大阪市立弥刀東小学校 1，堺市立安井小学校 1，忠岡町立忠岡小学校 1，大阪市立緑中学校 1 学級である。

　なお，大阪府[19]では，昭和 48 年から，心身障害に対する教育のいっそうの振興をはかるという観点で，「特殊教育」の「特殊」の用語を「養護」と改めている。これ以後，大阪では，「特殊学級」が「養護学級」と呼ばれることになる。

4）大阪自閉症児親の会

　昭和 36 年及び 37 年に神戸大学（黒丸正四郎）に来所していたグループと大阪日赤病院に来所していたグループの合同親の会[20]が，大阪市の相談所の講堂で第 1 回の発会式を行ったが，大阪の方はそれ以後続いていない。その後，府下の児童精神医学者や心理学者などが中心となり，昭和 40 年 7 月 29 日に自閉症児研究会を開いている。その席上で親の会の結成がすすめられ，第 1 回大阪自閉症児親の会[20]（初代会長　澄川智）は，昭和 40 年 8 月 22 日，大阪府立公衆衛生研究所に 38 名の子どもとその両親を集めて発足した。翌 41 年 3 月 21 日，大阪府立厚生会館（現青少年会館）で第 1 回総会[21]を，34 名の親と児童 22 名，来賓 34 名の参加を得て開き，会員の確保，啓蒙，

講演会等，当面の活動方針を決めている。親の会として最初に行った活動は，自閉症児施設を作ること，そして学校教育を受ける機会を作るための運動であった。昭和43年7月に出された府知事への「自閉症児の療育に関する陳情書」[24) にも，「自閉症児の通園，治療の場の設置，収容施設の準備拡充，自閉症児のための実験学級等」が要望されている。これに応える形で，昭和45年7月に府立松心園（医療施設）が開設されている。

2）東京都に情緒障害学級ができるまで

昭和44年に東京都杉並区立堀之内小学校に情緒障害学級が開設されるまでの経過を，大阪同様に関係のあった団体ごとにまとめて報告する。

1）東京都公立学校情緒障害教育研究会と全国情緒障害教育研究会の発足

東京都公立学校情緒障害児教育研究会[11,13)（略称「都情研」）の前身は，「自閉症といわれた子の担任の会」という会である。この会は，昭和41年7月に自閉症児の担任者を集めた私的な研究会として発足している。

この会は後に公的な組織，「東京都公立学校情緒障害教育研究会[29)（初代会長　跡部欣二）」として，昭和42年10月3日，東京都中央区久松小学校に来賓，会員約100名近くを集め，教師を中心に組織されて発足した。ここでの目標として，情緒障害者の研究を深め，情緒障害教育の進展を願うとともに，情緒障害者ののぞましい教育措置の促進，福祉の増進，診断や医療等の促進などをあげている。

都情研は，さらに全国規模へと発展し，全国情緒障害教育研究会（略称「全情研」，初代会長　跡部欣二）となる。その創立総会[34)は，昭和43年5月18日，東京都教育会館にて「大きく情緒障害教育の前進のために」をテーマとして開催された。

それ以降，全情研は，年1回いずれかの都道府県で研究協議会を開催している。第1回は，昭和43年11月30日，12月1日に東京都渋谷区立大向小学校[35)で講演と研究協議が行われている。第2回は昭和44年11月28,29日大阪市立明治小学校[32)で開催され，公開学習指導研究発表，分科会などがもたれている。第3回は，昭和45年11月19,20日，静岡県にある情短施設「吉原林間学園」[33)で，主題「情緒障害児の教育内容・方法の研究」

で開催。昭和63年で第21回大会を迎えることになる。

2）東京自閉症児親の会，全国協議会の発足

東京における親の会の発足は，数人の自閉症児を持つ親たちが互いに協力する必要を痛感して私的なグループを作ったことがきっかけとなっている。当時，親の会[22]は，すでに大阪，名古屋，神戸，静岡で結成されていた。それに続いて東京で結成され，それがさらに全国組織にまで発展して全国協議会となった。第1回東京自閉症児親の会[3]は，昭和42年2月26日福祉会館で出席者170名あまりで設立大会を開いた（主催者代表　須田初枝，会員数233名）。その後，同会は全国組織に向けての活動を開始し，第1回全国協議会[23]は，昭和42年8月27日新大阪ホテルで開催された。

親の会の機関紙『いとしご』[4]（毎年発行）は，第16号までは，「東京自閉症児親の会」の発行であったが，第16号からは，発行者を「自閉症児・者親の会全国協議会」と改めており，当時の子どもたちが成長を経てきたことを反映している。

3）自閉症児のための学級の設置

a）設置までの経過

学校教育における自閉症児のための学級の設置への機運を高めていったのは，自閉症児を持つ親たちや自閉症児を担任した教師たちの運動，あるいは東京都立教育研究所（以下，都立研）における自閉症児に関する調査・研究などである。

昭和43年度に都立研[30]では自閉症児に関する研究を，「自閉症児の教育をめぐって（第1報）」として報告している。この調査によると，都内の小学校に在籍している児童のうち，専門医に「自閉症と，その疑いのある児童」としてチェックされた者が76名おり，そのうち53名が普通学級に，残りは養護学校に在籍していると報告されている。

一方，親の会[2]では，昭和43年に比較的自閉症児が多く発見されていると推測されていた杉並区の会員を対象にアンケートを行い，その結果に基づいて東京都に働きかけを行っている。同年，10月頃から教育委員会をはじめ，各関係機関に働きかけ，11月に請願書を作成し都議会に提出している。12月に都の予算が組まれ，3月に区議会がこれを承認し，学級が開設される

に至っている。

b）東京都杉並区立堀之内小学校に堀之内学級が誕生

最初の学級設置が杉並区の堀之内小学校[25]に決定したのは，杉並区が都の特殊教育推進地区の指定を受けていたこと，区立済美研究所が近いこと（区立の研究所では，この3年ほど前から自閉症の問題に取り組んでいた），交通の便が比較的よいこと，堀之内小学校に教室スペースが確保できたこととなっている。開級は，昭和44年9月29日である。

引き続き，翌昭和45年[28]には，世田谷区立桜小学校に46年には町田市立町田第1小学校と中野区立塔山小学校，47年には府中市立府中第3小学校と目黒区立五本木小学校に開設。昭和48年には9校，49年には8校と急増していった。

c）堀之内学級の経営

堀之内学級の当初の学級編成は1学級で，情緒障害児（自閉症または自閉的傾向）7人と担任2名であり，施設設備としては，遊戯室，教室，準備室，相談室，観察室などが用意された。

指導の目標として，「①障害児の症状や特徴をよく知り，②障害になっている部面の治療教育をおこない，③教育可能部面の開発と拡大をはかる」ことが掲げられている。対象児は原則として普通学級（親学級）に籍をおき，一定の時間，または一定の曜日を情緒障害学級（子学級）に通級することとなっている。通級形態には，校内通級と校外通級とがある。

3）情緒障害学級数の推移

情緒障害学級数（小学校・中学校）の推移を表1，表2に，全国[9]，東京都[27]，大阪府[19]を比較する形で示す。

全国分に関して，文部省の「特殊教育資料」に「情緒障害」の項目が記載されるようになったのは昭和52年度からであり，それ以前はその他の項目に集計されている。

4）情緒障害学級における学級の形態

堀之内学級以後に開設された学級の形態は，各地域や学校の実情などに

表1 情緒障害特殊学級数と児童数の推移——小学校

年度	全国		東京都		大阪	
	学級数	児童数	学級数	児童数	学級数	児童数
39					3	20
40					3	23
41					4	22
42					4	28
43					4	27
44			1	7	4	23
45			3	32	8	46
46			4	37	11	47
47			6	52	19	74
48			18	149	24	84
49			30	214	32	153
50			39	267	47	202
51			44	320	47	278
52	710	3,597	50	369	45	241
53	884	4,310	58	395	55	383
54	1,034	4,981	62	470	67	457
55	1,221	5,801	70	550	78	530
56	1,423	6,580	72	588	89	598
57	1,615	7,328	79	609	115	724
58	1,782	7,820	80	608	142	852
59	1,894	8,203	79	592	161	940
60	2,013	8,348	78	542	192	1,064
61	2,156	8,434	72	507	280	1,396
62	2,227	8,104	71	509	347	1,556

表2 情緒障害特殊学級数と児童数の推移——中学校

年度	全国		東京都		大阪	
	学級数	児童数	学級数	児童数	学級数	児童数
45					1	5
46					2	13
47					3	13
48					5	11
49			1	8	6	31
50			2	6	6	16
51			3	8	6	26
52	171	857	3	13	6	22
53	214	1,003	6	23	13	62
54	255	1,205	7	32	17	83
55	312	1,436	8	41	22	102
56	373	1,649	9	56	29	131
57	452	2,018	9	71	43	193
58	552	2,458	11	73	54	269
59	650	2,912	12	82	66	332
60	764	3,398	12	91	83	434
61	868	3,629	17	118	127	637
62	970	3,941	21	156	170	771

よって様々である。その形態としては「固定性（固定した児童生徒が年間を通して在籍する）」，通級制（ある決められた曜日，時間だけ通うもの）」，らにこれらを組み合わせたものがある。ここで，「通級制」ではあっても，原則的には，その学級に何人かの児童生徒は独自に在籍している。東京都[27]における小・中学校の学級の形態を表3，4に示す。

5 考 察

1）「情緒障害」という用語の用いられ方

「情緒障害」という用語[31]が，公的に用いられたのは，昭和36年の児童福祉法の一部改正によって「情緒障害児短期治療施設」ができるようになったことによるとされている。この用語が教育の場（文部省所管の文脈）で用いられるようになるのは，昭和40年10月に出された（心身障害児の判別と就学指導[7]」の手引書における「第2章　心身障害児の判別の方法と実際——第8節　情緒障害者——」の中からである。ここでの「情緒障害者」の定義では，「いわば感情的，情緒的なもつれ，あつれきに起因する行動上の異常と考えてよいであろう。したがって，情緒障害者というのは，まず第一に，いわゆる一次的行動異常といわれるものを含むと考えてよい」とされている。分類と主な症状に関しては，試案としながら，「各種の習癖（言語，排泄，睡眠，食事など），神経症，チック，神経症に類縁のもの，反社会的な方向におこる問題行動」をあげている。

さらに，昭和41年10月の「心身障害児の判別と就学指導[8]」に関する講習会のテキストによると，「情緒が年齢相応に発達しなかったり，障害があったりして，生活行動に問題を有する児童」と解説されている。ここまでの，「情緒障害」の用語の用い方をみるかぎり，厚生省の系統に属する「情緒障害児短期治療施設」での用いられ方とほぼ同様である。

教育の文脈で次に「情緒障害」の用語が用いられたのは，昭和42年6月の「児童生徒の心身障害に関する調査[5]」である。この調査は，「わが国における義務教育該当年齢（6〜14歳）の児童生徒の心身の障害の実態を把握するとともに，『教育上特別な取り扱いを要する』児童生徒の状況を明らかにし，特殊教育等の振興施策に役立てる基礎資料を提供すること」を目的として実

116　第Ⅱ部　自閉スペクトラム症児への教育に関する研究

表3　東京都における学級の形態——小学校

年度	固定制		通級制	
	学級数	児童数	学級数	児童数
48	8	29	10	120
49	8	37	22	177
50	13	43	26	224
51	11	36	33	284
52	10	49	40	320
53	8	44	50	351
54	9	55	53	415
55	13	61	57	489
56	15	79	57	509
57	19	90	60	519
58	20	98	60	510
59	20	103	59	489
60	18	90	60	452
61	17	83	55	424
62	19	85	52	424

表4　東京都における学級の形態——中学校

年度	固定制		通級制	
	学級数	児童数	学級数	児童数
48	0	0	0	0
49	0	0	1	8
50	0	0	2	6
51	1	2	2	6
52	1	2	2	11
53	3	10	3	13
54	2	9	5	23
55	3	13	5	28
56	4	13	5	43
57	4	23	5	48
58	6	32	5	41
59	6	26	6	56
60	6	33	6	58
61	9	29	8	89
62	10	43	11	113

施されたものである。

　心身障害の種類別として，視覚障害，聴覚障害，精神薄弱，肢体不自由，病弱・身体虚弱，言語障害，情緒障害とされており，昭和28年の実態調査と比較すると，ここではあらたに「言語障害」と「情緒障害」が加えられている。

　さらに，この調査では，情緒障害児の類型として，「登校拒否の疑い，神経症の疑い，緘黙の疑い，自閉症の疑い，精神病の疑い，脳の器質的障害の

疑い，その他」となっており，この中に自閉症が新しく入ってくる。自閉症児が情緒障害の枠組の中に入ってくるのは，この時点からである。

この調査の結果[6]をみると，小・中学校の普通学級・特殊学級を合わせて，登校拒否の疑い2,883，神経症の疑い522，緘黙の疑い8,358，自閉症の疑い3,839，精神病の疑い3,394，脳の器質的障害の疑い2,216，その他43,005名となっている。その他の項目に数が多いのは，障害を類型化することが困難な子どもが多いことを現しているといえよう。この調査をもとに，全児童数に対する情緒障害児の出現率を算出すると，0.43％となっている。我が国で，情緒障害児の出現率が0.43％といわれることが多いのは，この調査によるものである。

さらに，当時，この結果から特殊学級で教育を受けることが望ましい児童生徒の出現率が算出され，10年後の昭和56年における対象者数を9,830名と推定している。昭和56年度の児童生徒の実際の数は8,229名であり，もとの推定数より少ないが，これはその後の養護学校の義務化にともなって，養護学校に在籍している者もいるためであろうと推測される。

この調査で自閉症を情緒障害の範疇に加えたことについては，第1回全情研の東京大会[35]で，当時の文部省教科調査官松原隆三（現兵庫教育大学）が，このことについて，お茶の水女子大学平井信義（現大妻女子大学），神戸大学医学部黒丸正四郎（現甲南女子大学），東京大学医学部上出弘之（現東京都児童相談センター），国立精神衛生研究所玉井収介（現帝京大学）の諸氏の協力を得て，この調査では取りあえず情緒障害を広くとらえて，情緒障害の類型を「登校拒否，神経症，緘黙，自閉症，精神病，脳の障害およびその他」と設定したと説明している。

2）情緒障害児のための教育の開始

情緒障害児のための教育の開始は，「情短施設」が開設されたことによって，入所児童のための教育の場が必要となったことが発端となっている。このため，昭和38年には，岡山，静岡，大阪（翌年に特殊学級として認可）の各「情短施設」で情緒障害教育が始められている。従って，情緒障害児のための教育自体ということであれば，情短施設内の学級が最初といえよう。

一方，自閉症児を対象とした情緒障害特殊学級ということになると，昭和44年9月に開級された杉並区立堀之内小学校の堀之内学級が最初ということができよう。この学級ができるまでの経過をみると，自閉症児の親の会をはじめ，教師や一般の人々の関心の高まりなどが大きな力となっている。それを反映して，文部省（当時の特殊教育課長　寒川英希）でも積極的な取り組みがなされている。

その後，順次設置されていった情緒障害学級の入級児は，当時の学級要覧でみると，自閉症児，あるいは自閉的傾向児が多く，情短施設が対象としてきた情緒障害児とは問題の性格が明らかに異なっていることがわかる。

その後，長い間問題になるのは，なぜ堀之内学級を情緒障害の範疇に入れたのかということである。このことについて，跡部欣二（都情研，全情研初代会長）は，第10回研究協議会研究紀要「ひこばえ」[36] (1977) の中で，この名称を用いたのは，文部省の「児童生徒の心身障害に関する調査（昭和42年度実施)」の障害種類別の中に情緒障害（自閉症）が含まれていたこと，さらに，文部省担当部局との話し合いを反映したとしている。

自閉症を情緒障害の枠の中に入れたのは，当時，自閉症そのものの概念が十分には明確でなかったことや，現実の問題として自閉症児の教育の場の確保が優先された結果ではないかと思われる。

3）学級数の推移と学級の形態

東京，大阪ともに，情緒障害学級の数は年を追って増加の傾向にある。ただし，東京の増加に比べ大阪の増加率の方が高い。昭和62年度の学級数を比較してみると，東京71学級，大阪347学級となっている。

東京の小学校の学級の形態を表3によって見てみると，62年度の学級数71のうち固定制は19学級，通級制は52学級となっている。固定制の学級の1学級当りの児童数は4.4人となっており，通級制の場合は，平均8.1人となっている。学級の形態としてどちらがよいかは，どちらの形態にも長所と短所があり，一概に決めることができない。しかし，通級制の場合は，児童の能力がある程度の水準にあることが前提になる。というのは，通級制における指導は時間的に限定されるため，その効果に限界が認められる場合が

多いからである。東京の場合，学級数がある程度おさえられているのもこのためと思われる。

一方，大阪[17]の場合，障害児はなるべく地域の中で指導するという基本方針がとられており，情緒障害学級も障害のある児童が在籍する学校に設置する方向ですすめられている。1学級あたりの児童数をみると，4.2人となっており，東京の固定制の場合とほぼ同じといえよう。

次いで，東京の中学校の場合をみると，固定制・通級制が半々となっている。まだ数の上では少ないものの，今後は生徒の問題の多様化にともなって増加するのではないかと考えられる。

固定制，通級制のどちらの形態をとるかは，地域や学校の実情，あるいは児童生徒のニーズなどにより選択がなされているものと思われる。いずれにしても個々の児童生徒のニーズに応じた学級の形態が選択される必要があろう。ここで，固定制，あるいは通級制といっているが，これは制度の運用上のことであり，通級制であっても学級の設置にあたっては，児童生徒が在籍していることが原則である。

4）教育内容・方法

情緒障害学級が開設された昭和40年代における指導内容をみると，自閉症そのものの概念が十分明確ではなかったこともあり，いわば模索の段階であった。一般に，情緒の安定，身辺の自立，環境への適応などといった課題が取り上げられ，教育的な側面よりも，むしろ治療的な側面に重点が置かれていた。

このことは，自閉症研究の歴史とも関係してくる。わが国で最初に自閉症を紹介したのは，鷲見たえ子[26]（現中沢）である。名古屋大学精神科にいた鷲見は，第49回日本精神神経学会（1952）で，「レオ・カナーのいわゆる早期幼年性自閉症の症例」を報告している。これ以後，わが国でも急速に自閉症の研究が進められていくことになる。

自閉症が比較的新しい分野であることや，自閉症の概念も明確でないまま現実の自閉症児の教育が開始されたので，当時，治療的な側面が重視されたのは自然であったといえよう。これには，我が国への自閉症の紹介が，主に

精神分析を背景にした文脈でなされたことも反映していると思われる。

全情研の第3回の研究協議会[33]では「指導内容・方法」という主題をかかげているが，ここでは，自閉症を対象としたものというより，いわゆる情緒障害児を対象とした学習内容・方法を扱っている。当時，文部省主催により情緒障害教育担当教員講習会も開催されている。

昭和50年代になると，自閉症に関する研究の進展を背景として，自閉症児の教育的側面が着目され始め，その教育課程が重視されるようになってきた。文部省[6]が，昭和52年度から特殊教育教育課程研究集会において，情緒障害教育のための部会を設けていることも，その反映である。この他，昭和42年度以降，文部省では，実験学校を委嘱し，情緒障害教育の研究を深める努力をしている。

それにもかかわらず，情緒障害教育は，現実的な問題をかかえており，その主な要因は，情緒障害の範囲の中に自閉症をとり込んでいることから生じていると思われる。情緒障害学級における子どもの実態の多様性は，自閉症児の存在によってきわだっている。

5）今後の課題

20年間にわたる情緒障害児への指導は，情緒障害学級の開級当時の模索的な段階から，現在における集団への適応を目標としながら，個のニーズに応じた指導をめざした段階へと移行してきた。ここで，個のニーズに応じた指導が強調されるようになったのは，近年，入級児が多様化の傾向にあるからである。この背景には，自閉症に関する研究が進み，それ以前にあった情緒障害の概念との相違が徐々に明らかになるとともに，それに応じた教育実践が成熟してきたためでもある。

今後の課題を考えるにあたっては，情緒障害学級の対象児の多様化——自閉症児，登校拒否児，多様な問題行動を持った児童——に関して，さらに障害によって分化の方向をとるのか，あるいは統合の方法をとるのかを吟味する必要があろう。例えば，自閉症児を対象とした学級，そして，登校拒否児を対象とした学級というように，対象児の障害を明確にして，それに見合った教育の提供を考えていく立場がある。一方では，これらの児童をできるだ

け健常児や発達にゆるやかな遅れのある児童の集団の中で，配慮して教育していこうとする方向があろう。

　このためには，情緒障害の用語の定義を自閉症の概念との異同も含めてさらに明確にすることが必要である。これまでの自閉症の研究の流れの中では，環境的要因を主な背景とする情緒障害と器質的障害を主に予想する自閉症を区別する傾向が生じている。また，それを明確にした上で教育の内容・方法を障害の容態に応じて充実させていくこと，特にいわゆる情緒障害児については，一般学級での不適応の原因を明確にして，柔軟に対処していく必要があろう。これらを踏まえて，現時点での教育の制度やそのものについても柔軟な方策を考えていく必要があると思われる。

第5章
情緒障害学級の成立過程の比較研究Ⅱ
──学級の設立から今日的課題まで──

1 問　題

　情緒障害学級の成立過程の比較研究Ⅰ[16](1989)では，1969年(昭和44年)の情緒障害特殊学級(以下，情緒障害学級)の設立を，東京都と大阪府についてその背景を含めて整理し，比較検討した。東京の場合は昭和30年代後半から40年代にかけて，自閉症児の教育が学校教育の中で取り上げられるようになり，指導の場として通常の学級が考えられ，さらに発展した形で情緒障害学級が設立されていった。

　これに対し大阪では，昭和36年の児童福祉法の一部改訂により発足した情緒障害児短期治療施設(以下，情短施設)内に情緒障害児を対象とした学級が設置されており，昭和44年以前より情緒障害児の教育が始められていた。ここでいう対象児は，「家庭，学校，近隣での人間関係のゆがみによって，感情生活に支障を来し，社会適応が困難になった児童」とされており，自閉症児は除かれていた。しかし，昭和44年度以降の情緒障害学級では，主として自閉症児を対象としていった。

　また，東京及び大阪における学級設置までの背景として，それぞれの関係諸団体の活動を報告したが，それらは現在も継続し情緒障害教育の発展に寄与している。その情緒障害学級については，学級・児童生徒数が増加からやや減少に転じてきているが，一方では児童生徒の障害が多様化しており，これに応じて学級の形態や指導内容や方法が多様化していることが指摘されている。

　これらの状況を踏まえ，情緒障害学級の設置後，情緒障害教育が自閉症をかかえこみながら，どのように発展していったのかを行政面，実践教育面などから整理することで，現在の情緒障害教育の問題点を明確にし，今後の情

緒障害教育の発展のための資料を得たい。

2 目　　的

　我が国に情緒障害特殊学級が成立した1969年以降の情緒障害教育の発展の様相を教育行政面，実践教育面などから整理し，比較検討することで，今後の情緒障害教育，情緒障害学級の発展のための資料を得る。

3 方　　法

　情緒障害教育に関する法令，通達など教育行政面に関する資料を収集し，さらに実践研究に関する資料を収集し分析するとともに，当時の関係者等に面接し，関連事象を記録，分析した。実践研究に関しては，文部省の情緒障害に関する特殊教育実験学校（以下，実験校），さらに全国情緒障害教育研究会（以下，全情研），日本特殊教育学会（以下，特教学会）などに発表された研究を取り上げ，これらの資料を分析した。

4 結　　果

1）情緒障害教育への取り組み

a）法令・通達からみた情緒障害教育

　前回の報告[16]（1989）では「情緒障害」という用語の用いられ方について，その経過を情短施設で用いられてから文部省所管で用いられるようになるまでの経緯を述べた。ここでは，それ以前の情緒障害児への教育が学校教育の中でどのように位置づけられていたのかをふり返ってみたい。

　戦後の「教育基本法」及び「学校教育法」[13]は昭和22年3月31日（法律第25号及び法律第26号）に公布されている。「学校教育法」では，養護学校を規定し，さらに特殊教育を学校教育の一環として位置づけている。特殊学級に関して，「学校教育法」第75条には，「小学校，中学校及び高等学校には，左の各号の一に該当する児童及び生徒のために，特殊学級を置くことができる。一　性格異常者，二　精神薄弱者，三　聾者及び難聴者，四　盲者及び弱視者，五　言語不自由者，六　その他の不具者，七　身体虚弱者」と規定された。この条項は，当時，文部省が作成した学校教育法の草案[11]

にはなく，総司令部民間情報教育局の係官の示唆によるものといわれている。

　この中から情緒障害教育に関連すると推測される「性格異常者」の項目を取り出してその後の経過をみてみると，昭和28年6月8日付け文初特第303号として「教育上特別な取扱を要する児童生徒の判別基準について」という通達が文部事務次官通達で出されている。ここで取り上げられている障害は，「第1　盲者および弱視者，第2　ろう者および難聴者，第3　性格異常者，第4　精神薄弱者，第5　言語障害者，第6　肢体不自由者，第7　身体虚弱者」となっており，「性格異常者」の解説，基準，教育的措置は次のようになっている。

「第3　性格異常者」

　知能にははなはだしい欠陥は認められないが，性格のかたよりが著しく，そのために環境への適応が困難で，反社会的，あるいは非社会的行動を示すものを性格異常者とする。

　基　　準

　1.　反社会的行動が常習的となり，くり返し悪質な不良行為をなし，他の児童・生徒への悪い影響がはなはだしいもの。

　2.　前項より軽度の反社会的行動を示すか，または非社会的行動を示すと認められるもの。

　教育的措置

　1.　基準1に規定した程度に該当するものに対しては，児童福祉法の措置にゆだねることを考慮する。

　2.　基準2に規定した程度に該当するものに対しては，原則として，普通学級で精神衛生的指導を行い，社会生活への適応をはかることが望ましい。」

　また，同年の文部省刊行の『特殊児童判別基準とその解説』[5]の中でも「性格異常者」について同様の解説，基準，教育的措置を示している。この『解説』の中には，「性格異常者」について，通達と同様の内容の定義が示されている。

　次いで昭和36年10月31日（法律第166号）の「学校教育法」の一部改正では，第75条の第1項には「一　精神薄弱者，二　肢体不自由者，三　身体虚弱者，四　弱視者，五　難聴者，六　その他心身に故障のある者で，

特殊学級において教育を行うことが適当なもの」となっており,「性格異常者」という用語は用いられなくなっている。そのかわりに「その他心身に故障のある者」という中に含ませている。

この改正によって,昭和37年10月18日付け文初特第380号として「学校教育法および同法施行の一部改正に伴う教育上特別な取扱いを要する児童・生徒の教育的措置について」という通達が初等中等教育局長名で出されている。ここで取り上げられている障害は,「1. 盲者および弱視者について,2. 聾者および難聴者について,3. 精神薄弱者について,4. 肢体不自由者について,5. 病弱者について,6. 身体虚弱者について,7. 言語障害者について,8. 二つ以上の障害をあわせもつ者について,9. 就学の猶予または免除について」となっており,付として (1) (2) が設けられ,その (2) には次のように示されている。

「付

(2) 性格異常者のうち著しい反社会的行動傾向を示す者(反社会的行動が常習的となり,くり返し悪質な不良行為をなし,他の児童・生徒への悪い影響がはなはだしいもの)は児童福祉法などによる措置にゆだねることが適当であり,また軽度の反社会的行動傾向または非社会的行動傾向を示すものは普通学級において指導すること。」

ここでは,本文中ではないものの,性格異常者という用語がまだ用いられている。しかし,その後,この用語は,文部省の文書には用いられなくなる。ちなみに,昭和50年3月31日に発表された「特殊教育に関する調査研究会」による「重度・重複障害児に対する学校教育の在り方について」の報告の中では次のような表現が用いられている。

「三　行動の状況(次のような問題行動があるかどうか──ア. 破壊的行動,イ. 多動傾向,ウ. 異常な習慣,エ. 自傷行為,オ. 自閉性,カ. 反抗的行動,キ. その他」──)

このように,性格異常という用語が用いられたのは,戦後の10数年だけであり,その含意の一部は,新しく生じてきた概念とともに,その後は情緒障害という用語に含まれていくことになる。

表1　心身障害の程度・類型別の「教育上特別な取り扱いを要する」児童生徒推計数──公立小・中学校

障害の類型	小学校			中学校			合　計		
	普通学級	特殊学級	計	普通学級	特殊学級	計	普通学級	特殊学級	計(%)
ア. 東京拒否の疑い	717	67	784	2,025	74	2,099	2,742	141	2,883(4.52)
イ. 神経症の疑い	332	34	366	156	－	156	488	34	522(0.82)
ウ. 緘黙の疑い	6,101	169	6,270	2,088	－	2,088	8,189	169	8,358(3.12)
エ. 自閉症の疑い	2,270	67	2,337	928	74	1,002	3,198	141	3,339(5.24)
オ. 精神病の疑い	1,691	101	1,792	1,528	74	1,602	3,219	175	3,394(5.33)
カ. 脳の器質的障害の疑い	1,383	169	1,552	479	185	664	1,862	354	2,216(3.48)
キ. その他	28,822	1,079	29,901	12,697	407	13,104	41,519	1,486	43,005(67.49)
合　計	41,316	1,686	43,002	19,901	814	20,715	61,217	2,500	63,717(100.0)

2）情緒障害教育の実態と施策

「情緒障害」という用語が，文部省所轄の文脈で最初に用いられたのは1965年の「心身障害児の判別と就学指導」[7]に関する講習会のテキストである。また，1967年（昭和42年）に行われた「児童・生徒の心身障害に関する調査[8]」では，はじめて障害として「情緒障害」を取り上げている。この調査から「情緒障害の類型とその人数」を表1に示す。

表1によると，「その他」の項目の人数が多く，このことは対象児の障害を類型化することのむずかしさを表しているものと思われる。自閉症の場合は，情緒障害の枠の中では約5.24％となっている。なお，この調査の対象児全体の中での情緒障害の比率をみると，0.43％となっている。

3）情緒障害教育に関する基礎的研究と教員の養成

大学における研究体制の面では，昭和45年に東京学芸大学の附属特殊教育施設に「情緒障害」という部門が設けられている。

また，特殊教育の総合的研究という見地から，昭和46年に「国立特殊教育総合研究所[4]」が設置された。その趣旨としては，「1）特殊教育全般について実際的な研究を，医学，心理学，教育学，工学など関連する諸科学の分野から総合的に行い，2）大学，研究所の研究機関などに対する研究上の情報の提供，研究セミナーの開催等により研究を推進し，3）教職員に対し，教育の実践と結びついた研修を計画的，継続的に実施する機能」をあわせもつことがあげられている。研究所の中には「情緒障害教育研究部」が設けられている。

さらに，附属実験教育施設の必要性から「国立久里浜養護学校」の建設が進められ，その就学対象者として「重度情緒障害者」が設立当初から含まれている。

情緒障害の教員養成に関しては，その臨時教員養成課程（修業年限1年）を，昭和48年4月（昭和57年3月まで）から東京学芸大学に，昭和50年に愛知教育大学に，昭和55年に奈良教育大学に，昭和56年に北海道教育大学[3]（各定員20人）に設けている。これらの大学では，主に実践的な研究が進められている。

2）教育実践に関する研究
a）文部省の実験校の研究

文部省は昭和42年度以降，情緒障害教育についての実験校を委嘱している。実験校が決定される手順は，まず文部省が都道府県の教育委員会に研究を委嘱，それを受けて運営協議会（10人程度）が設置され，そこで実験校が決定される。昭和42年以降の実験校の研究課題[22]を年度順に表2に示す。

表2から，委嘱された対象校の性格も考慮して，その研究課題の傾向をみてみると，昭和42年度から昭和45年度の研究は，病院内，施設内の情緒障害学級，昭和45年度から48年度ころまでの研究は一般の学級に在籍する情緒障害児の指導のあり方と情緒障害学級に関するものとなっている。

昭和49年度から54年度には精神薄弱養護学校に在籍する情緒障害児を対象とした研究がなされ，昭和55年度からは「自閉児」または「自閉的傾向をもつ子ども」を対象とした研究が，小学校でなされている。また，昭和57年度からは，「重複障害教育に関する研究（精神薄弱情緒障害）」の枠の中で養護学校における研究が進められている。

文部省では，この他に「情緒障害教育事例集[9]」を1973年（昭和48年）に，「情緒障害児指導事例集[12]」を1980年に（昭和55年）に刊行している。このうち，1980年のものは，自閉児を中心にまとめられている。

b）全情研の発表からみた教育内容や方法の変遷

全情研における研究発表の主題[21, 22]を，昭和43年の第1回から順に表3に示す。全情研の研究会は，年1回，各地に会場を移して開催されており，

第3回，第6回，第18回は文部省における実験校の研究発表と兼ねて行われている。

　c）特教学会での研究の位置づけ

　この学会は，「わが国における特殊教育の科学的研究の進歩発達を図ること」を目的として，昭和38年に設立されている。主たる事業として，年次の会合（日本特殊教育学会大会）[14, 15]を開催しており，各部門ごとに研究が発表されている。ここから発表論文の表題に「自閉」の用語のつくものを取り出してみると表4のとおりである。

　この学会の発表論文集に，「自閉症」が取り上げられたのは第1回からであり，発表部門に「情緒障害」の用語が出てくるのは1969年（昭和44年）からである。それ以前の「行動問題」の部門では，主として非行の問題が取り上げられていた。

　自閉症に関する研究発表は，最近では全論文数の約10％前後と定着している。自閉という用語が表題につけられていない「発達障害児」「多動児」などの中にも，いわゆる自閉的傾向児が含まれていると思われる。なお，1989年には，「学習障害」の部門が設けられ，論文総数の6.15％を占めている。

3）情緒障害教育の現状

a）情緒障害学級及び情緒障害学級に在籍する児童生徒数の推移と対象児の主症状について

　全国の小学校及び中学校の情緒障害学級の数と児童生徒数[10]を，昭和52年以降について表5に示す。併せて，1学級当たりの児童生徒数も示した。

　表5から，小学校に関しては，学級数が年を追って増加の傾向にあるが，一方，児童生徒数は昭和61年度をピークにして減少している。従って，1学級当たりの児童数は現在では4人未満となっている。一方，中学校は学級数，生徒数ともに増加の傾向にあるが，1学級当たりの生徒数はここでも4人未満となっている。

　次に，東京都公立学校情緒障害教育研究会の調査[17]から，情緒障害学級に在籍している児童生徒の主症状別の割合を図1に示す。

　小学校について昭和56年度と平成元年度を比較してみると，総数におい

表2 特殊教育実験学校（情緒障害教育関係）

年度	研究事項	研究課題 —サブタイトル—	学校名
昭和42～43	〔普通・特殊学級を中心とした研究〕言語・難聴・弱視・情緒・身体障害教育の研究	重症情緒障害児の教育内容・方法の研究	三重県津市立高茶屋小学校分教室 / 三重県津市立南郊中学校
43～44	同	情緒障害児の教育内容・方法の研究 —事例研究を通して— 〈17事例〉	富士市立大淵第一小学校
43～45	同	情緒障害児の教育内容・方法の研究	市川市立国分台小学校 / 市川市立第一中学校
44～46	情緒障害教育の研究（情緒障害）	普通学級における情緒障害児の指導のあり方	東京都昭島市立拝島第二小学校
46～48	情緒障害教育の研究（情緒障害）	情緒障害児の教育内容・方法の研究	富山県高岡市立下関小学校
49～51	情緒障害教育に関する研究（情緒障害）	情緒障害児の教育内容・方法の研究	愛知県立春日台養護学校
52～54	情緒障害教育に関する研究（情緒障害）	自閉児の教育内容・方法に関する研究	青森県立八戸第二養護学校
55～57	情緒障害教育に関する研究	自閉児の指導内容・方法に関する研究	石川県金沢市立瓢箪町小学校
58～60	情緒障害教育に関する研究	自閉児の指導内容・方法に関する研究 —人とのかかわりを深める指導を中心として—	旭川市立日章小学校
59～61	情緒障害教育に関する研究	情緒障害児に対する集団への適応をはかるための指導 —集団不適応児に対する集団への適応の改善・充実—	前橋市立桃井小学校
61～63	情緒障害教育に関する研究	自閉児の指導内容・方法に関する研究 —自閉児の言語コミュニケーション能力を育てる指導—	岡山市立石井小学校
62～平元	情緒障害教育に関する研究	情緒障害児の指導内容・方法に関する研究 —自閉的傾向をもつ子どもの人とのかかわりの円滑化をめざして—	豊田市立挙母小学校
平元～3	情緒障害教育に関する研究	情緒障害児の指導内容・方法に関する研究	茨城県取手市立取手小学校

130　第Ⅱ部　自閉スペクトラム症児への教育に関する研究

表2　つづき

年度	研究事項	研究課題 —サブタイトル—	学校名
57~59	[養護学校を中心とした研究] 重複障害教育に関する研究 (精神薄弱情緒障害)	重複障害児の教育内容・方法に関する研究 —能力差の著しい児童・生徒一人ひとりを生かすための個別的な配慮はどのようにしたらよいか—	茨城県立勝田養護学校
58~60	重複障害教育に関する研究 (精神薄弱情緒障害)	重複障害児の教育内容・方法に関する研究	愛媛県立第三養護学校
60~62	重複障害教育に関する研究 (精神薄弱情緒障害)	重複障害児の教育内容・方法に関する研究 —望ましい児童生徒の育成を目指す遊び, 朝の運動, 作業学習, 進路指導について—	東京都立石神井養護学校
61~63	重複障害教育に関する研究 (精神薄弱情緒障害)	重複障害児の教育内容・方法に関する研究	和歌山県立はまゆう養護学校
63~平2	重複障害教育に関する研究 (精神薄弱情緒障害)	重複障害児の教育内容・方法に関する研究	千葉県立市川養護学校
平元~3	重複障害教育に関する研究 (精神薄弱情緒障害)	重複障害児の教育内容・方法に関する研究	岡山県立東備養護学校

表3 全国情緒障害教育研究協議会大会開催地及び研究主題一覧

回	会場	開催日	研究主題
第 1 回	東京大会	昭和43年11月30日～12月1日	全情研創立総会　他
第 2 回	大阪大会	昭和44年11月28日～29日	「情緒障害児の指導をどのようにすればよいか」
第 3 回	静岡大会	昭和45年11月19日～20日	「情緒障害児の教育内容・方法の研究（兼文部省指定実験学校研究発表会）」
第 4 回	東京大会	昭和46年11月19日～20日	「情緒障害児の指導をどのようにしたらよいか」
第 5 回	兵庫大会	昭和47年11月24日～25日	「情緒障害児の指導と望ましい運営のあり方」
第 6 回	富山大会	昭和48年6月21日～22日	「情緒障害児教育の内容、方法について（兼文部省指定実験学校研究発表会）」
第 7 回	大阪大会	昭和49年11月11日～12日	「情緒障害児の指導をどのように進めたらよいか」
第 8 回	東京大会	昭和50年10月23日～24日	「情緒障害児教育の指導内容と指導方法の確立を図る～日常の教育実践を通して」
第 9 回	北海道大会	昭和51年8月25日～27日	「情緒障害児教育の指導内容、指導方法をどのようにすすめたらよいか～情緒障害教育の指導実践を通して」
第 10 回	東京大会	昭和52年8月2日～3日	「情緒障害児教育の教育形態および指導内容、指導方法をどのように～情緒障害教育の教育実践を通して」
第 11 回	兵庫大会	昭和53年8月4日～5日	「情緒障害児教育の教育形態および指導形態、指導方法をどのようにしたらよいか」
第 12 回	福岡大会	昭和54年8月3日～4日	「情緒に問題をもつ子ども、ひとりひとりをいかに大切にした指導はどうあればよいか～教育形態、指導内容及び方法を中心に～」
第 13 回	新潟大会	昭和55年8月1日～2日	「情緒に問題をもつ子どもの集団への適応指導をどう進めたらよいか～自閉児、緘黙児、登校拒否生徒を中心に～」
第 14 回	宮城大会	昭和56年7月30日～31日	「情緒に問題をもつ子どもひとりひとりの必要に応じた指導はどうあればよいか」
第 15 回	東京大会	昭和57年11月1日～2日	「15年の歴史をふまえ、これからの情緒障害教育の質的向上を目指して～指導形態・内容・方法等の改善・充実を求めて」
第 16 回	愛媛大会	昭和58年8月24日～26日	「一人一人のよさを育てる情緒障害児教育の推進～こどもの実態に即した指導の在り方を求めて」
第 17 回	埼玉大会	昭和59年7月30日～31日	「これからの情緒障害教育の質的向上をめざして～こどもの実態に即した指導の在り方を求めて」
第 18 回	旭川大会	昭和60年8月26日～28日	「情緒障害教育の質的向上を図るため、指導内容、方法をどう充実改善するか～（兼文部省指定実験学校研究発表会）」
第 19 回	宮崎大会	昭和61年8月26日～28日	「一人一人のかかわりをどう深めていくか～情緒障害教育のあり方と情緒障害教育の推進」「障害をもつ子ども一人一人の能力・特性に応じた指導はどうあればよいか～指導形態・指導内容・方法について」
第 20 回	東京大会	昭和62年8月7日～9日	「子どもの能力・特性に応じた指導のあり方と情緒障害教育の推進」
第 21 回	東京大会	昭和63年10月28日～29日	「子ども一人一人の能力・特性に応じた指導のあり方を求める～情緒障害教育の指導内容・指導方法について」
第 22 回	岩手大会	平成元年8月1日～3日	「個性に応じた指導のあり方と情緒障害教育の充実はどうあればよいか」

132　第Ⅱ部　自閉スペクトラム症児への教育に関する研究

表4　日本特殊教育学会大会発表論文集からみた研究の動向——表題に自閉という用語のついたもの

回	年（昭和）	部　門	自閉／部門総数・（他部門）	自閉関係／論文総数（％）
1	1963(38)	行動問題	1／ 8・(0)	1／ 40(2.50)
2	1964(39)	行動問題	0／ 7・(0)	0／ 48(0.00)
3	1965(40)	行動問題	0／11・(0)	0／ 56(0.00)
4	1966(41)	行動問題	0／ 3・(0)	0／ 65(0.00)
5	1967(42)	（なし）	0／ 0・(2)	2／ 85(2.35)
6	1968(43)	行動問題	0／ 8・(1)	4／ 68(5.88)
7	1969(44)	情緒障害	2／10・(0)	2／ 85(2.35)
8	1970(45)	行動問題	1／ 5・(3)	4／ 89(4.49)
9	1971(46)	言語障害・行動問題	0／ 9・(1)	1／ 96(1.04)
10	1972(47)	行動問題	0／ 8・(2)	2／141(1.41)
11	1973(48)	行動問題	9／14・(3)	12／178(6.74)
12	1974(49)	行動問題	6／17・(2)	8／203(3.94)
13	1975(50)	行動問題	7／11・(2)	9／214(4.20)
14	1976(51)	行動問題	16／20・(2)	18／238(7.56)
15	1977(52)	行動問題	9／16・(2)	11／194(5.67)
16	1978(53)	行動問題	14／21・(2)	16／202(7.92)
17	1979(54)	自閉症, 情緒・行動問題	19／27・(2)	19／224(8.48)
18	1980(55)	自閉症, 情緒・行動問題	13／19・(3)	16／250(6.40)
19	1981(56)	自閉症, 情緒・行動問題	23／34・(5)	28／310(9.03)
20	1982(57)	行動問題	22／31・(12)	34／305(11.14)
21	1983(58)	行動問題	19／34・(16)	35／296(11.82)
22	1984(59)	情緒障害・行動問題	24／37・(2)	27／307(8.79)
23	1985(60)	情緒障害・行動問題	13／38・(5)	18／354(5.08)
24	1986(61)	情緒障害・行動問題	13／34・(9)	22／331(6.64)
25	1987(62)	情緒障害・行動問題	29／55・(8)	37／340(10.88)
26	1988(63)	情緒障害・行動問題	29／53・(8)	37／346(10.69)
27	1989(元)	情緒障害・行動問題	31／54・(3)	34／341(9.97)

表5　情緒障害学級数と児童生徒数の推移と1学級あたりの人数

年度	小学校			中学校		
	学級数	児童数	1学級あたり	学級数	児童数	1学級あたり
52	710	3,597	(5.06)	171	857	(5.01)
53	884	4,310	(4.87)	214	1,003	(4.68)
54	1,034	4,981	(4.81)	255	1,205	(4.72)
55	1,221	5,801	(4.75)	312	1,436	(4.60)
56	1,423	6,580	(4.62)	373	1,649	(4.42)
57	1,615	7,328	(4.53)	452	2,018	(4.46)
58	1,782	7,820	(4.38)	552	2,458	(4.45)
59	1,894	8,203	(4.33)	650	2,912	(4.48)
60	2,013	8,348	(4.14)	764	3,398	(4.44)
61	2,156	8,434	(3.91)	868	3,629	(4.18)
62	2,227	8,104	(3.63)	970	3,941	(4.06)
63	2,287	7,706	(3.36)	1,040	3,994	(3.84)

第5章　情緒障害学級の成立過程の比較研究Ⅱ　133

(1) 小学校

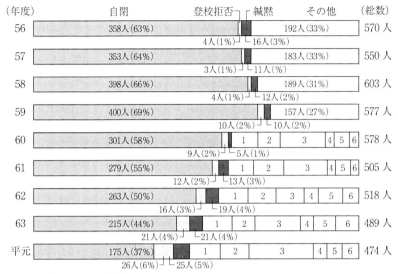

(その他) のうちわけ
1：情緒障害（心因性）　2：情緒障害（その他）　3：精神薄弱
4：てんかん　5：M・B・D　6：その他

(2) 中学校

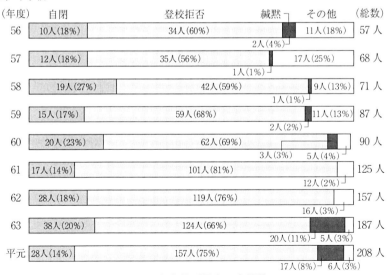

図1　主症状別児童・生徒数

134 第Ⅱ部 自閉スペクトラム症児への教育に関する研究

表6 登校拒否（不登校）件数──学校ぎらいを理由とする者

年度	小学校	中学校	計
50	2,830	7,704	10,534
51	2,951	8,362	11,313
52	2,965	9,808	12,773
53	3,211	10,429	13,640
54	3,434	12,002	15,436
55	3,679	13,536	17,215
56	3,625	15,912	19,537
57	3,624	20,165	23,789
58	3,840	24,059	27,899
59	3,976	26,215	30,191
60	4,071	27,926	31,997
61	4,407	29,673	34,080
62	5,286	32,725	38,011

学校基本調査による（人）

て減少の傾向にあること，また対象者の割り合いで自閉が減少し，その他（1：情緒障害（心因性），2：情緒障害（その他），3：精神薄弱，4：てんかん，5：M.B.D, 6：その他）が増加の傾向にある。

　中学校の場合は，半数以上が「登校拒否」で占められている。

　b）登校拒否（不登校）の児童生徒数

　情緒障害学級に在籍している児童生徒のうち，特に中学校では「登校拒否（不登校）」の割合が多い。そこで，昭和50年度以降の登校拒否（不登校）件数[10]を表6に示した。ここで「登校拒否」は，教育行政の観点からは「学校ぎらいを理由とする長期欠席者」ととらえられている。長期欠席者とは一年間に通算50日以上欠席した者をいい，その理由として，病気，経済的理由，学校ぎらい，その他として分類されている。

　表6によると，昭和62年度には，50年度と比較して，小学校，中学校を合わせて3倍以上の登校拒否件数となっている。この傾向は小学校よりも中学校で高くなっており，昭和62年度の件数は50年度の4倍以上である。今後は，全体の児童生徒数が減少するため，従来以上の増加はみられないかもしれないが，情緒障害学級における登校拒否児童生徒の教育は，現実の実践的課題となっている。

5　考　察

　わが国では，情緒障害学級の設置から 20 年の時の経過の中で，「情緒障害」という枠組の中に自閉症をかかえこみながら，情緒障害教育が行われてきている。この間，各方面で相当の努力がなされていることが，それぞれの各資料からうかがい知ることができる。

1）情緒障害教育の施策に関して

　戦後の学校教育法第 75 条の特殊学級の規定の中にみられた「性格異常」という用語が，公布後 10 数年のうちに用いられなくなっていることの背景として，作成当時，もともとこの条項が文部省の草案の中になかったということがある。社会一般における用語上の妥当性からみても，精神医学における概念上の観点からみても，この用語が用いられなくなったのは，理にかなっていると思われる。

　その後，1967 年（昭和 42 年）の文部省の「児童生徒の心身障害に関する調査」において，障害の類型としてはじめて「情緒障害」が加えられた。この結果から，情緒障害児の出現率が 0.43％と算出され，そのうち特殊学級で教育を受けることが望ましい児童生徒の出現率は 0.06％と予測され，特殊学級の設置 10 年計画が立てられた。そして，10 年後の昭和 56 年度の対象者数を 9,830 人と推定している。その年の特殊学級における実際の数は，小学校 6,580 人，中学校 1,649 人で合計 8,229 人である。計画よりもやや少ないのであるが，これは昭和 54 年度からの養護学校義務化にともなって，一部に養護学校に就学した者もあったのではないかと推測される。

　情緒障害学級には学級の形態として，通級制，固定制，通級固定併用などがあり，各地域の実情に応じて取り入れられている。この場合に，それぞれの教育課程がどのように編成され，どのように運用されているのかなどについての実態は，昭和 63 年度に文部省が全国調査を実施しており，現在，集計中である。

　また，情緒障害学級の初期の対象児であった自閉症児は，現在では，養護学校で処遇されている場合が多くなっていることが，一般的に指摘されている。

2）情緒障害教育の実践的研究に関して

　情緒障害教育に関する主な機関の研究として文部省の実験校，全情研の研究大会，特教学会の発表論文集を取り上げたが，実際には東京[18]を始めとする各都道府県単位での研究，あるいは校内研究，私的な研究会から個人の研究までを含めると，相当数の研究が行われていると思われる。

　ここで取り上げた３つの柱の研究をみると，第一の文部省の実験校における研究（表2）は，各学校とも2〜3か年の期間での研究が委嘱されている。当初は特殊学級を中心としていたが，教育現場の重度化の要請に応えるかたちで昭和57年度より養護学校での情緒障害児を対象とした研究として行われている。特殊学級を対象とした研究では，自閉症児といわゆる情緒障害児（集団内での不適応児など）を対象としたものがある。今後は，特に中学校ではいわゆる情緒障害児（主に登校拒否児）を対象とした研究が進められていくと予想される。

　第二に，全情研での研究課題（表3）をみると，大会のテーマは包括的なものになりやすいから実践研究の実態はとらえにくいが，初期には情緒障害学級における指導内容・方法を取り上げていたが，しだいに学級内の個々の児童生徒に焦点を合わせるようになってきている。つまり，個々の実態を把握した上で，対象児のニーズに応じた指導内容・方法を探るようになってきている。このことは，多様化した対象児に応えようとしたものでもあり，このような積み重ねが広汎な発達に問題を持つといわれている自閉症児教育にとって今後も重要な課題となろう。

　第三の特教学会の論文発表の傾向をみると，自閉という用語が表題についた論文数は昭和60年のみ減少しているが，大体10％前後で推移しており，自閉症研究は定着してきているものと思われる。今後は，最近，アメリカ精神医学会から「精神障害の統計と手引　第3版[1, 2, 19]」（DSM-Ⅲ 1980，DSM-Ⅲ-R 1987）が出されたことや，世界保健機構（WHO）のICD-10などの影響を受けて，発達障害，広汎性発達障害，自閉性障害などといった障害名が用いられてくることが予想される。DSM-Ⅲ-Rでは，自閉症に関しては「発達障害」の中の「広汎性発達障害」として位置づけ「自閉性障害」としている。発達障害の中には，「広汎性発達障害」の他に精神遅滞，特異性発

達障害，その他の発達障害」がある。これらの用語に関しては，混乱を避ける意味で，従来通り「自閉症」あるいは「自閉的傾向」といった用語を用いながら，自閉症の概念を整理していくことが自閉症研究にとって重要な課題ではないかと考えられる。

3）情緒障害学級の教育内容・方法

　表5によると，小学校では学級数が昭和52年度から増加の傾向にあるが，児童数は昭和62年度からは減少の傾向にある。この理由のひとつに，従来は精神薄弱特殊学級に在籍する情緒障害児（実際には自閉症児をはじめ，さまざまの障害を持った子どもたちで，集団での学習が困難な者）のために，情緒障害学級を新設する方策がとられてきたことがあげられよう。しかし，児童数は近年，全国的にも減少してきており，この影響で情緒障害学級もわずかながら減少の傾向をたどるのではないかと予想される。

　文部省の調査では，現在，情緒障害学級1学級当たりの児童生徒数は4名未満である。全情研では，昭和43年の文部大臣宛ての「情緒障害教育に関する意見具申」をはじめ，毎年要望書を提出しているが，「昭和64年度全国の情緒障害教育推進・充実についての要望書[20]」では，固定制1学級4名で教員2名，通級制1学級6名で教員2名を要望している。

　情緒障害学級の初期の対象児であった自閉症児は図1にみられるように年々減少してきているが，今後は多様な問題を持った児童が多くを占めるようになるかもしれない。この理由のひとつには，現在では自閉症児，あるいは自閉的傾向の子どもの多くが，養護学校に就学する傾向がみられるからである。

　これは，「情緒障害」という用語が明確にされないまま使われてきたことを反映しており，このままであれば今後はさらに多様な障害を「情緒障害学級」の中に取り込むようになっていくおそれがある。多様な障害を持つ子どもたちの集団での教育が望ましいのか，あるいはある程度の情緒障害の評価の基準を作成して，その範囲内での教育が望ましいのかは今後の課題ともいえよう。

　中学校の場合は，学級数，生徒数とも増加の傾向を示している。この傾向は，

登校拒否（不登校）の子どもへの適切な処遇が考えられない限りはしばらく続くものと思われる。学校への登校拒否の問題は，学校内の教育的環境（教育内容や人的関係などの広い範囲の学校環境）の問題ばかりでなく，現在の社会の産業構造の著しい変化にともなっての社会のありようの変化に，従来からの価値感では解決できない多様な問題を含んでいると考えられるので，登校拒否児が登校できる場を確保する努力は必要であるが，短絡的に情緒障害学級の設置を考えるだけでは問題の解決には至らないと思われる。

4）今後の課題

　以上のことから，情緒障害教育，情緒障害学級に関して，いくつかの問題点が考えられる。

　第一に，DSM-Ⅲ-R の分類を参考に今後の情緒障害学級を考えてみると，発達障害という枠の中に多様な障害を持った子どもたちを合わせて教育していくのか，あるいは細分化された障害ごとの教育がいいのか，あるいは発達の程度によって遅れを保障することで通常の学級での教育が望ましいのか，または知的遅れの程度を考慮して編成していくのが望ましいのかなどといった議論の生じることが想定される。この点については，今後とも十分に検討されなければならない。子どもの障害についてみても，医学面での研究の深まりにつれてより細分化された方向ですすむかもしれない。しかし，どのような障害名であれ，実際の指導ということになると診断名によるというよりは，むしろ子どものニーズに応じた指導が求められるし，またそれに応えていく必要があろう。

　第二に学級の形態（固定制，通級制，固定通級併用）に関しては，特に通級制の場合は学籍が二重になる問題もでてくるが，子どもが必要とするのであれば，その方向での何らかの対策も必要となってこよう。特に，今回の文部省の実態調査では，これらの点が明らかにされてくるものと予想される。

　第三に，自閉症児の教育の場として設置された障害学級が現在では多様な子どもが入級し，自閉症児の多くは養護学校に在籍している現状から，これらの子どもたちの指導内容・方法をさらに深めていくことが大切となろう。

　第四に，「情緒障害」という用語については，今後の情緒障害学級のあり

方とも関連させて明確に規定していくことが，学級の発展のためにも重要な課題となってくる。

　自閉症児への教育を今後とも「情緒障害」の枠の中で考えていくのか，あるいは「発達障害」などといったような枠の中に位置づけていくのかといった問題を考えなおす時期にきていると思われる。従来通りの「情緒障害」という用い方でいくと，ますます多様化の傾向となり，実践の場では指導内容・方法が深められにくくなることも懸念される。

　第五に，登校拒否児に関しても，単に学級の提供のみの対策では問題が解決されないと予想されるので，生徒側での多様な選択のできる柔軟な対策を打ち出していく必要もあろう。

　以上のことから，20年を経過した「情緒障害学級」の今後のあり方として，実践をふまえた上で，新しい方向性を見い出していく時期がきているといえよう。この点について，文部省の実態調査の集計を待って，再び検討してみたい。

第 1 章文献

1 ）天野清（1970）語の音韻構造の分析行為の形成とかな文字の読みの学習．教育心理学研究，18（2）：76-89.
2 ）天野清（1977）中度精神発達遅滞児における音節構造の分析行為の形成とかな文字の読みの教授＝学習．教育心理学研究，25（2）；73-84.
3 ）石川知子（1970）自閉症児の言語構造．精神神経学雑誌，12；1159-1174.
4 ）村石昭三・天野清（1972）幼児の読み書き能力．国立国語研究所報告45，東京書籍．
5 ）O'Conner, N. and Hermelin, B.（1967）Auditory and visual memory in autistic and normal children. Journal Mental Deficiency Research, 11 ; 126-131.
6 ）Prior, M.R.（1977）Psycholinguistic disabilities of autistic and retarded children. Journal of Mental Deficiency Research, 21 ; 37-45.
7 ）Schachter, F. F., Meyer, L.R., and Loomis, E.A.（1962）Childhood schizophrenia and mental retardation; Differential diagnosis before and after one year of psychotherapy. American Journal of Orthopsychiatry, 32（4）; 584-594.
8 ）十亀史郎他（1972）〈シンポジウムⅠ〉のための討論資料；自閉症児の発達にともなう諸問題．児童精神医学とその近接領域，13（4）；213-421.
9 ）杉村健・久保光雄（1975）文字の読み学習に及ぼす弁別訓練の促進効果．教育心理学研究，23（4）；213-219.
10）寺山千代子（1977）国語の指導．精神薄弱児研究，225；80-87.
11）Tubbs, V.K.（1966）Types of linguistic disability in psychotic children. Journal of Mental Deficiency Research, 10；230-240.

第 2 章文献

1 ）天野清（1970）語の音韻構造の分析行為の形成とかな文字の読みの学習．教育心理学研究，18（2）；76-89.
2 ）天野清（1977）中度精神発達遅滞児における音節構造の分析行為の形成とかな文字の読みの教授＝学習．教育心理学研究，25（2）；73-84.
3 ）DeMyer, M.K.（1976）Motor, perceptual motor and intellectual disabilities of autistic children. Early Childhood Autism（2nd edition）, pp.169-193. Pergamon Press.
4 ）Hermelin, B., and O'Connor, N.（1970）Psychological Experiments with Autistic Children. Pergamon Press.（平井久・佐藤加津子訳（1977）自閉児の知覚．岩崎学術出版社．）
5 ）三木安正・上野一彦・越智啓子・中川信子（1975）ITPAの理論とその活用．日本文化科学社．
6 ）村石昭三・天野清（1972）幼児の読み書き能力．国立国語研究所報告45．東京書籍．
7 ）中根晃（1978）自閉症研究．金剛出版．
8 ）Prior, M.R.（1977）Psycholinguistic disabilities of autistic and retarded children. Journal of Mental Deficiency Research, 21 ; 37-45.
9 ）寺山千代子・佐賀啓男（1978）自閉的傾向児の言語能力に関する考察．国立特殊教育総合研究所紀要，5；81-88.
10）津守真・稲毛教子（1961）乳幼児精神発達診断法，0才～3才，3才～7才まで．大日本図書．
11）上野一彦・渡辺洋（1973）改訂版ITPAによって測定された心理言語機能の発達に関する因子分析的研究．東京大学教育学部紀要，13；31-45.
12）Wing,L.（1976）Early Childhood Autism（2nd edition）. Pergamon Press.

第3章文献

1) Demyer, M.K.（1975）The nature of the neuropsychological disability in autistic children. Journal of Autism and Childhood Schizophrenia, 5（2）；109-128.

2) Frositg, M.（1961）Developmental Test of Visual Perception. Consulting Psychologists Press.（飯鉢和子・鈴木陽子・茂木茂八（1977）視知覚発達検査. 日本文化科学社.）

3) Frositg, M.（1972）Developmental Program in Visual Perception. Follet Publishing Company.（日本心理適性研究所（1977）視知覚能力促進法. 日本文化科学社.）

4) Frosig, M. & Maslow, P.（1973）Learning Problems in the Classroom. Grune & Stratton Inc.（茂木茂八・安富利光訳（1977）個々に応じた指導. 日本文化科学社.）

5) Frosig, M.（1977）Movement Education. Follet Publishing Company,.（肥田野直・茂木茂八・小林芳文訳（1978）ムーブメント教育. 日本文化科学社.）

6) Hermelin, B. & O'Connor, N.（1970）Psychological Experiments with Autistic Children. Pergamon Press.（平井久・佐藤加津子訳（1977）自閉児の知覚. 岩崎学術出版社.）

7) Kanner, L.（1943）Autistic disturbances of affective contact. Nervous Child, Ⅱ, 217-250.（牧田清志訳（1976）精神医学, 18（7）；777-797. 18（8）；897-906.）

8) 毛利昌三・花野鉄紀（1978）心理言語能力（ITPA）・視覚的認知能力（DTVP）と「読み」の学力との対応関係について. 心理測定ジャーナル, Vol. 14, 7 月号, 5-11.

9) 村石昭三・天野清（1972）幼児の読み書き能力. 国立国語研究所報告 45, 東京書籍.

10) 岡山大学教育学部附属養護学校（1974）精神薄弱児における治療教育と適応（Ⅲ）. 研究紀要, 3 ; 30-41.

11) Ornitz, E. & Ritvo, E.R.（1976）The syndorome of autism: A critical review. The American Journal of Psychiatry, 13（6）；609-621.

12) 鈴木昌樹・水野美彦・加我牧子・近江一彦・鈴木陽子（1978）微細脳障害・学習障害における Frositg 視知覚発達検査. 脳と発達, 10（4）；273-283.

13) 寺山千代子・佐賀啓男（1978）自閉的傾向児の言語能力に関する考察. 国立特殊教育総合研究所研究紀要, 5 ; 81-88.

14) 寺山千代子（1979）自閉的傾向児の発達プロファイルとひらがな文字読みにみられる言語能力との関連性について. 国立特殊教育総合研究所研究紀要, 6 ; 61-69.

15) Wing, L.（1976）Early Child Austism（2nd edition）. Pergamon Press.（久保紘章・井上哲雄監訳（1977）早期小児自閉症. 星和書店.）

第4章文献

1) 平井信義・石井哲夫編著（1970）自閉症児の治療教育. 日本小児医事出版.

2) 自閉症児・者親の会（1969）会報, 9 号.

3) 自閉症児・者親の会全国協議会（1967）いとしご, 創刊号.

4) 自閉症児・者親の会全国協議会（1967 ～ 1988）いとしご, 第 1 ～ 22 号.

5) 文部省（1967）児童生徒の心身障害の状況—児童生徒の心身障害に関する調査報告書, 昭和 42 年度.

6) 文部省（1978）特殊教育百年史. 東洋館出版社.

7) 文部省初等中等教育局特殊教育課（1965）心身障害児の判別と就学指導.

8) 文部省初等中等教育局特殊教育課（1966）心身障害児の判別と就学指導—昭和 41 年度講習会テキスト.

9) 文部省初等中等教育局特殊教育課（1977 ～ 1987）特殊教育資料.

10）文部省初等中等教育局特殊教育課（1987）特殊教育必携.

11）村田保太郎（1983）情緒障害教育成立の過程. 情緒障害児の教育（上）. 日本文化科学社.

12）中根晃監訳（1972）自閉症児の医学と教育. 岩崎学術出版社.

13）野村東助（1985）東京都における情緒障害学級の発展. 国立特殊教育総合研究所情緒障害教育研究部. 情緒障害学級の発足と展開.

14）大阪市立児童院（1986）事業概要. 昭和61年度.

15）大阪市立児童院（1982）紀要Ⅲ　創立20周年記念.

16）大阪市立明治小学校分校（1969）概要.

17）大阪府教育委員会（1970）特殊学級設置運営の手びき.

18）大阪府教育委員会（1972）月報　4月〜3月.

19）大阪府教育委員会（1987）大阪の養護教育.

20）大阪自閉症児親の会（1966）心の窓. 創刊号.

21）大阪自閉症児親の会（1967）心の窓. 2，3号合併.

22）大阪自閉症児親の会（1967）会報第2号.

23）大阪自閉症児親の会（1967）会報第3号.

24）大阪自閉症児親の会（1968）自閉症児の療育に関する陳情書.

25）杉並区立堀之内小学校堀之内学級（1969）学級要覧.

26）鷲見たえ子（現中沢）（1952）レオ・カナーのいわゆる早期幼年性自閉症の症例. 第49回日本精神神経学会総会抄録.

27）東京都教育庁総務部調査課（1978〜1987）学校統計台帳資料他.

28）東京都教育庁学務部義務教育心身障害教育課（1988）東京都内情緒障害学級44年度〜47年度の状況.

29）東京公立学校情緒障害児教育研究会（1967）みちびき. 創刊号.

30）東京都立教育研究所（1969）自閉症児の教育をめぐって（第1報）.

31）辻村泰男・玉井収介編（1978）情緒障害教育講義録. 日本児童福祉協会.

32）全国情緒障害教育研究会（1969）全国情緒障害教育研究協議会大阪大会要項. 大阪市立明治小学校.

33）全国情緒障害教育研究会（1970）全国情緒障害教育研究協議会静岡大会要項. 静岡県立吉原林間学園.

34）全国情緒障害教育研究会（1968）創立総会記録.

35）全国情緒障害教育研究会（1968）ひこばえ. 創刊号.

第5章文献

1）American Psychiatric Association（1980）Diagnostic and Statistical Manual of Mental Disorder, 3rd Edition. American Psychiatric Association.

2）American Psychiatric Association（1987）Diagnostic and Statistical Manual of Mental Disorder, DSM-III-R. American Psychiatric Association.（高橋三郎・花田耕一・藤縄昭（1988）DSM-III-R 精神障害の分類と診断の手引, 第2版. 医学書院.）

3）北海道教育大学旭川分校（1982〜1989）情緒障害教育研究紀要. 第1号〜8号.

4）国立特殊教育総合研究所運営部庶務課編（1979）国立特殊教育総合研究所・国立久里浜養護学校規則集. ぎょうせい.

5）文部省（1953）特殊児童判別基準とその解説. 光風出版.

6）文部省初等中等教育局特殊教育課（1965）心身障害児の判別と就学指導.

7）文部省初等中等教育局特殊教育課（1966）心身障害児の判別と就学指導—昭和41年度講習会テキスト.

8 ）文部省（1967）児童生徒の心身障害の状況—児童生徒の心身障害に関する調査報告書 昭和 42 年度.
9 ）文部省初等中等教育局特殊教育課（1973）情緒障害教育事例集.
10）文部省初等中等教育局特殊教育課（1977 ～ 1987）特殊教育資料.
11）文部省（1978）特殊教育百年史. 東洋館出版社.
12）文部省初等中等教育局特殊教育課（1980）情緒障害児指導事例集—自閉児を中心として.
13）文部省初等中等教育局特殊教育課（1987）特殊教育必携.
14）日本特殊教育学会（1964）特殊教育学研究　第 1 巻特別号.
15）日本特殊教育学会（1965 ～ 1989）日本特殊教育学会発表論文集第 2 回～第 27 回.
16）寺山千代子（1989）情緒障害学級の成立過程の比較研究. 国立特殊教育総合研究所研究紀要第 16 巻.
17）東京都情緒障害学級設置校長会・東京都公立学校情緒障害教育研究会（1978 ～ 1988）東京都の情緒障害教育推進充実についての要望.
18）東京都教育庁指導部（1978 ～ 1989）心身障害教育開発指導資料集. 昭和 48 年度～昭和 63 年度.
19）山崎晃資他(1984 ～ 1986)小児精神障害の国際診断基準に関する研究(第 1 報～第 3 報). 安田社会事業団体研究助成論文集，20 ～ 22.
20）全国情緒障害教育研究会（1988）全国の情緒障害推進充実についての要望書.
21）全国情緒障害教育研究会（1968）創立総会記録.
22）全国情緒障害教育研究会（1968 ～ 1989）ひこばえ　創刊号～第 21 回.

第**III**部

自閉スペクトラム症・発達障害への社会的支援

第1章
自閉スペクトラム症と発達障害

　本章では，「自閉スペクトラム症（自閉症）」や「発達障害」について，現在，社会的にどのようにとらえられているかを，法制上及び医学的診断基準の観点から述べる。

第1節　法制上の定義

1　発達障害との関係
　我が国の法律の中で，「自閉スペクトラム症」の用例は見当たらず，「自閉症」の用語を規定しているのは，現在，発達障害者支援法（平成16年法律第167号）の1件のみであり，同法の中で「発達障害」の定義として，

　「自閉症，アスペルガー症候群その他の広汎性発達障害，学習障害，注意欠陥多動性障害その他これに類する脳機能の障害であってその症状が通常低年齢において発現するものとして政令で定めるものをいう。」

と規定されている（同法第2条第1項）。
　同項の「政令」の対象としては，その規定振りからみて，

①自閉症などとの類似性
②脳機能の障害
③その症状が通常低年齢において発現

という3つの要件を満たすものと考えられる。
（第161回国会 衆議院内閣委員会議録第8号21頁，政府参考人答弁参照）

2　国会における「自閉症」

　「自閉症」が法律の文言としてではなく，国会の附帯決議において現れたのは，「発達障害者支援法」の制定より 10 年程前にさかのぼる。

　すなわち，法律の題名を障害者基本法に改めるとともに，障害者の自立と社会，経済，文化その他あらゆる分野の活動への参加を促進することを目的とする，「心身障害者対策基本法の一部を改正する法律」が，議員立法（衆法）として，平成 5 年 11 月に成立し，公布の日から施行された。

　その際，同法案に対する参議院厚生委員会における附帯決議は，次のとおりであった。

　「政府は，次の事項について適切な措置を講ずるべきである。

　（第一号　略）

　二，てんかん及び自閉症を有する者並びに難病に起因する身体又は精神上の障害を有する者であって長期にわたり生活上の支障があるものは，この法律の障害者の範囲に含まれるものであり，これらの者に対する施策をきめ細かく推進するよう努めること。

　（第三号から第五号まで　略）」

　上記附帯決議の内容は，国会（立法府）の立場として，「自閉症を有する者等」は，障害者基本法における障害者の範囲に含まれることを明らかにした上で，政府（行政府）に対して，自閉症児・者等に関する施策を充実するよう期待したものといえる。

　このそれから，10 年程の歳月を経て，発達障害者支援法が制定された。

3　「発達障害者支援法」の制定

　発達障害者の心理機能の適正な発達及び円滑な社会生活の促進のために，発達障害症状の発現後，できるだけ早期に発達支援を行うことが特に重要であることに鑑み，発達障害者の自立及び社会参加に資するよう，その生活全般にわたる支援を図ることを内容とする，「発達障害者支援法」（平成 16 年法律第 167 号）が，議員立法（衆法）として，平成 16 年 12 月に成立し，平

成 17 年 4 月 1 日から施行された。

　その主な内容は，前述した発達障害の定義や国，地方公共団体及び国民の責務（同法第 1 章）のほか，

①　児童の発達障害の早期発見及び発達障害者の支援のための施策（早期の発達支援，保育，教育，就労の支援，地域での生活支援等）（同法第 2 章）
②　都道府県知事は，発達障害者に対する支援業務を，発達障害者支援センターに行わせ，又は自ら行うことができること（同法第 3 章）
③　国及び地方公共団体は，発達障害者の支援を行う民間団体の活動の活性化を図るよう配慮するとともに，国民に対する普及及び啓発を行うものとすること（同法第 4 章）
　等である。

　次章では，発達障害者支援法において「発達障害」として定義されている，「広汎性発達障害（自閉症，アスペルガー症候群），学習障害，注意欠陥多動性障害」のそれぞれについて，医療的な観点からみてみよう。

第 2 節　医学的診断基準による発達障害

　「DSM-Ⅳ-TR」版を参考に，自閉症，学習障害，注意欠陥多動性障害の特性をみてみる。

　現在，「DSM-5」が出版されているが，これまでの自閉症関係の引用などが，「DSM-Ⅳ」[2] あるいは「DSM-Ⅳ-TR」[3] のため，あえて「DSM-Ⅳ-TR」を取り上げ，そのあとで「DSM-5」[4] を簡単に紹介したい。

1　DSM-Ⅳ-TR（新訂版，2003）による診断基準

　DSM-Ⅳ-TR（アメリカ精神医学会 American Psychiatric Association；Diagnostic and Statistical Manual of Mental Disorders）の「精神疾患の分類と診断の手引き」から，「通常，幼児期，小児期，または青年期に初めて

診断される障害」をみてみよう。

1）「通常，幼児期，小児期または青年期に初めて診断される障害」の枠組み

精神遅滞（Mental Retardation）

軽度精神遅滞／中等度精神遅滞／重度精神遅滞／最重度精神遅滞／精神遅滞，重症度は特定不能

学習障害（以前は学習能力障害）（Learning Disorders）

読字障害／算数障害／書字表出障害／特定不能の学習障害

運動能力障害（Motor Skills Disorder）

発達性協調運動障害

コミュニケーション障害（Communication Disorders）

表出性言語障害／受容－表出混合性言語障害／音韻障害（以前は発達性構音障害）

吃音症／特定不能のコミュニケーション障害

広汎性発達障害（Pervasive Developmental Disorders）

自閉性障害／レット障害／小児期崩壊性障害／アスペルガー障害

特定不能の広汎性発達障害（非定型自閉症を含む）

注意欠陥および破壊的行動障害（Attention-Deficit and Disruptive Behavior Disorders）

注意欠陥／多動性障害（Attention-Deficit／Hyperactivity Disorder）

特定不能の注意欠陥・多動性障害／行為障害／反抗挑戦性障害

特定不能の破壊的行動障害

幼児期または小児期早期の哺育，摂食障害（Feeding and Eating Disorders of Infancy and Early Childhood）

異食症／反芻性障害／幼児期または小児期早期の哺育障害

チック障害（Tic Disorders）

トゥレット障害／慢性運動性または音声チック障害／一過性チック障害／特定不能のチック障害

排泄障害（Elimination Disorders）

遺糞症／遺尿症

幼児期，小児期または青年期の他の障害（Other Disorders of Infancy, Childhood, or Adolescence）

　分離不安障害／選択性緘黙／幼児期または小児期早期の反応性愛着障害　常同運動障害（以前は常同症／性癖障害）／特定不能の幼児期，小児期または青年期の障害

2）自閉症，アスペルガー障害，注意欠陥多動性障害，学習障害とは

　自閉症，アスペルガー障害は，「広汎性発達障害」に位置付けられている。「Pervasive Developmental Disorders」を略して「PDD」と使用されることもある。

① **自閉性障害**　Autistic Disorder

A.　(1)，(2)，(3) から合計 6 つまたはそれ以上，うち少なくとも (1) から 2 つ，(2) と (3) から 1 つずつの項目を含む。

　(1) 対人的相互反応における質的な障害で以下の少なくとも 2 つによって明らかになる。

　　(a) 目と目で見つめ合う，顔の表情，体の姿勢，身振りなど，対人的相互反応を調節する多彩な非言語性行動の使用の著明な障害。

　　(b) 発達の水準に相応した仲間関係をつくることの失敗。

　　(c) 楽しみ，興味，成し遂げたものを他人と共有すること（例：興味のあるものを見せる，もって来る，指さす）を自発的に求めることの欠如。

　　(d) 対人的または情緒的相互性の欠如。

　(2) 以下のうち少なくとも 1 つによって示されるコミュニケーションの質的な障害

　　(a) 話し言葉の発達の遅れまたは完全な欠如（身振りや物まねのような代わりの意志伝達の仕方により補おうという努力を伴わない。）

　　(b) 十分会話のある者では，他人と会話を開始し継続する能力の

著明な障害。

(c) 常同的で反復的な言語の使用または独特な言語。

(d) 発達水準に相応した，変化に富んだ自発的なごっこ遊びや社会性を持った物まね遊びの欠如。

(3) 行動，興味および活動の限定された反復的で常同的な様式で，以下の少なくとも1つによって明らかになる。

(a) 強度または対象において異常なほど，常同的で限定された型の，1つまたはいくつかの興味だけに集中すること。

(b) 特定の，機能的でない習慣や儀式にかたくなにこだわるのが明らかである。

(c) 常同的で反復的な衒奇的運動（例えば，手や指をぱたぱたさせたり，ねじ曲げる，または複雑な全身の動き）

(d) 物体の一部に持続的に熱中する。

B. 3歳以前に始まる，以下の領域の少なくとも1つにおける機能の遅れまたは異常

(1) 対人的相互作用 (2) 対人的意志伝達に用いられる言語，または，(3) 象徴的または想像的遊び

C. この障害はレット障害または小児期崩壊性ではうまく説明されない。

② **アスペルガー障害**（Aspergers Disorder）

A. 以下のうち少なくとも2つにより示される対人的相互作用の質的な障害：

(1) 目と目で見つめ合う，顔の表情，体の姿勢，身振りなど，対人的相互反応を調節する多彩な非言語性行動の使用の著名な障害。

(2) 発達の水準に相応した仲間関係をつくることの失敗。

(3) 楽しみ，興味，成し遂げたものを他人と共有することを自発的に求めることの欠如。(4) 対人的または情緒的相互性の欠如。

B. 行動，興味および活動の，限定された反復的で常同的な様式で，以下の少なくとも1つによって明らかになる：

(1) その強度または対象において異常なほど，常同的で限定された型

の，1つまたはいくつかの興味だけに熱中する。

(2) 特定の機能的でない習慣や儀式にかたくなにこだわるのが明らかである。

(3) 常同的で反復的な衒奇的運動。たとえば，手や指をばたばたさせたりねじ曲げる，または複雑な全身の動き。

(4) 物体の一部に持続的に熱中する。

C. その障害は社会的，職業的，または他の重要な領域における機能の臨床的に著しい障害を引き起こしている。

D. 臨床的に著しい言語の遅れがない。

E. 認知の発達，年齢に相応した自己管理能力，対人関係以外の適応行動，および小児期における環境への好奇心などについて臨床的に明らかな遅れがない。

F. 他の特定の広汎性発達障害または統合失調症の基準を満たさない。

③ **注意欠陥／多動性障害**（Attention-Deficit ／ Hyperactivity Disorder）

A. (1) か (2) のどちらか：(1) 以下の不注意の症状のうち6つまたはそれ以上が少なくとも6カ月以上続いたことがあり，その程度は不適応で，発達の水準に相応しないもの：

不注意

(a) 学業，仕事，またはその他の活動において，しばしば綿密に注意することができない，または不注意な過ちをおかす。

(b) 課題または遊びの活動で注意を持続することがしばしば困難である。

(c) 直接話しかけられた時にしばしば聞いていないように見える。

(d) しばしば指示に従えず，学業，用事，または職場での義務をやり遂げることができない。

(e) 課題や活動を順序だてることがしばしば困難である。

(f) 学業や宿題のような精神的努力の持続を要する課題に従事することをしばしば避ける。嫌う，またはいやいや行う。

(g) 課題や活動に必要なものをしばしばなくす。

(h) しばしば外からの刺激によって容易に注意をそらされる。

　　(i) しばしば毎日の活動を忘れてしまう。

　(2) 以下の多動性−衝動性の症状のうち6つまたはそれ以上が少なくと
　　　も6カ月以上持続したことがあり，その程度は不適応で，発達水準
　　　に相応しない：

多動性

　　(a) しばしば手足をそわそわと動かし，またはいすの上でもじもじす
　　　る。

　　(b) しばしば教室や，その他，座っていることを要求される状況で
　　　席を離れる。

　　(c) しばしば，不適切な状況で，余計に走り回ったり高い所へ上がっ
　　　たりする。

　　(d) しばしば静かに遊んだり余暇活動につくことができない。

　　(e) しばしば"じっとしていない"またはまるで"エンジンで動かさ
　　　れるように"行動する。

　　(f) しばしばしゃべりすぎる。

衝動性

　　(g) しばしば質問が終わる前に出し抜けに答えてしまう。

　　(h) しばしば順番を待つことが困難である。

　　(i) しばしば他人を妨害し，邪魔する。

④　学習障害（Learning Disorders）

読字障害

A. 読みの正確さと理解力についての個別施行による標準化検査で測定さ
　れた読みの到達度が，その人の生活年齢，測定された知能，年齢相応
　の無教育の程度に応じて期待されるものより十分に低い。

B. 基準Aの障害が読字能力を必要とする学業成績や日常の活動を著明に
　妨害している。

C. 感覚器の欠陥が存在する場合，読みの困難は通常それに伴うものより
　過剰である。

算数障害

A. 個別施行による標準化検査で測定された算数の能力が，その人の生活年齢，測定された知能，年齢相応の教育の程度に応じて期待されるものよりも十分に低い。

B. 基準 A の障害が算数能力を必要とする学業成績や日常の活動を著明に妨害している。

C. 感覚器の欠陥が存在する場合，算数能力の困難は通常それに伴うものより過剰である。

書字表出障害

A. 個別施行による標準化検査で測定された書字能力が，その人の生活年齢，測定された知能，年齢相応の教育の程度に応じて期待されるものよりも十分に低い。

B. 基準 A の障害が文章を書くことを必要とする学業成績や日常の活動を著明に妨害している。

C. 感覚器の欠陥が存在する場合，書字能力の困難が通常それに伴うものより過剰である。

　主として，この3つの障害が取り上げられているのかについては，我が国の特別支援教育の流れが関係している。最初に特殊教育の対象として取り上げられていた自閉症の教育が一段落した頃，学習障害，注意欠陥多動性障害が問題となり，現在に至ったという経緯がある。

2　DSM-5（精神疾患の診断・統計マニュアル）

　DSM というのは，アメリカ精神医学会で作られたものであり，今回は ICD-11 の発表より早く出版されている。現在は，ICD-10[6] が用いられており，近いうちに ICD-11 が出版される予定とされている。ICD は世界保健機関（World Health Organization, WHO）で出されているものであり，ICD（International Classification of Diseases, 国際疾病分類）として，現在，ICD-10 が用いられている。ICD は主に公的機関で用いられ，DSM は研究などに用いられることが多い。

DSM は複数の改訂を行ってきており，DSM-Ⅲ は 1980 年，DSM-Ⅲ-R は 1987 年，DSM-Ⅳ は 1994 年，DSM-Ⅳ-TR は 2000 年に，DSM-5 は 2013 年に出版されている。日本語版の DSM-5[1] の「精神疾患の診断・統計マニュアル」は，2014 年 6 月に発行されており，1 年後の発行となっている。

DSM-5 では，自閉症，ADHD，LD は「神経発達症群／神経発達障害群」に位置付けられており，この群には，「知的能力障害群，コミュニケーション症群／コミュニケーション障害群，自閉スペクトラム症／自閉症スペクトラム障害，注意欠如・多動症／注意欠如・多動性障害，限局性学習症／限局性学習障害，運動症群／運動障害群，他の神経発達症群／他の神経発達障害群」で構成されている。

従来用いられていた「広汎性発達障害」，下位項目の「自閉性障害」「アスペルガー障害」「非定型自閉症」「レット障害」「特定不能の広汎性発達障害」などの用語は用いられていない。DSM-5 によれば，自閉症は「自閉スペクトラム症／自閉症スペクトラム障害」となっている。つまり，自閉症はスペクトラム（連続体）として用いられている。「注意欠陥／多動性障害」は，「注意欠如・多動症／注意欠如・多動性障害」，学習障害は「限局性学習症／限局性学習障害」となっている。ここでは，従来，「障害」と用いられていた用語は，「症」と用いようとしている。

自閉スペクトラム症の基本的特徴として，「A 複数の状況で社会的コミュニケーションおよび対人的相互反応における持続的な欠陥」「B 行動，興味，または活動の限定された反復的な様式」「C　症状は早期に存在していなければならない」などを挙げている。

自閉スペクトラム症と用いられたことで，早期幼児自閉症，小児自閉症，カナー型自閉症，高機能自閉症，非定型自閉症，特定不能の広汎性発達障害，小児期崩壊性障害，アスペルガー障害を包括するとしている。

男女比については 4 対 1 で男性の方が多い。比率については，筆者の調査でも 4 対 1 を示していた。なお，併存症については，「自閉スペクトラム症を有する人の約 70％が併存する 1 つの精神疾患を，40％が併存する 2 つ以上の精神疾患をもっているかもしれない」としている。さらに，自閉スペクトラム症の有病率についてみると，DSM-5 では，人口の 1％とされている。

「注意欠如・多動症／注意欠如・多動性障害」は，診断基準として，「不注意，多動性および衝動性」が，「限局性学習症／限局性学習障害」は「読字の障害，書字表出の障害，算数の障害」が挙げられている。

なお，診断名が変更しても自閉症の有する特性は変わるものではないので，その支援に当たっては，従来どおり，個々の特性に応じて対応することが大切である。

第2章
ライフステージに応じた社会的支援

処世に長けた人であっても，子育てとして，礼節ある躾や有為な知恵を身につけさせることは至難であるし，まして，こだわりの特性を持つ自閉スペクトラム症児であれば，なおさらであろう。子どもの入園，就学，就労，施設入所，治療・入院などの岐路に立たされたとき，その養育者としての悩みと心配は尽きることがない。

そこで本章では，自閉スペクトラム症などの発達障害のある児・者への社会的支援に関し，ライフステージごとの支援の着眼点について述べる。

第1節　各ライフステージにおける 社会的支援の必要性

1　長期的な視点に立った包括的支援

第1部では，自閉スペクトラム症の教育について時系列に沿って述べたが，自閉スペクトラム症児・者を含む発達障害児・者の生涯は，誕生してから成長し，老いて亡くなるまでの長期にわたる。したがって，その支援も，就学からの卒業までの一時期に限られるものではなく，就学前の乳幼児期，そして学校卒業後の青年／成人期，その後の老年期においても，それぞれの時期に応じた適切な支援が求められる。

その一方で，支援を行う専門機関や専門家の立場からすれば，それぞれの専門の範囲は自ずから限定されざるを得ないため，発達障害児・者に対する支援の期間も限定的となってしまう。ともすれば，特定の専門的な知見を頼りとするあまり，発達障害児・者の生涯にわたる心豊かな生活や養育者の生活状況という要素が見落とされがちになりかねない。

そこで以下，筆者たちの体験や知見をも踏まえ，発達障害児・者及びその養育者の視点に立って，その長期にわたるライフステージごとの支援の在り

方について述べる。

2　母親その他の養育者への支援

1）自閉症（自閉スペクトラム症），LD（学習障害），ADHD（注意欠如多動症）と診断されたとき

　1歳半健康審査，3歳児健康診査で発達の遅れを指摘されることが多いが，アスペルガー障害の場合には，大学生，あるいは社会に出てから診断されることもある。

　育児の際，ことばの遅れなどに気付き，医療機関で自閉症，LD，ADHDと診断された例も多い。

　障害を母親や家族が受け入れることが出来れば，早期からの療育を通じて子どもにとって過ごしやすい環境が得られやすくなる。

　養育者が障害を認めたがらない場合，「母親（養育者）への支援」を児童相談所，発達障害児支援センター，教育センターで相談することも一案である。同じ障害児を持つママ友，あるいはペアレント・メンターの利用，各団体で行っている教育相談など，身近なところで障害の悩みについて話し合える場所を見つけることも心の支えになり得る。

　また，主たる養育者である母親が「うつ状態，うつ」になったと思ったときには，子どもの養育に差しさわりが生じる前に，医療機関で診てもらうよう家族が早めに対応することが大切である。

2）育てにくさからの虐待

　母親その他の養育者の中には，一生懸命育てているのに，覚えが悪い，動きまわる，偏食がある，親の指示を聞かない，ことばがでない，ことばがあっても対話にならない等の行動上の問題が多いと，厳しく叱り，時に体罰を与えることがある。体罰を与えても自閉症特有な行動が止まらないのだが，それでも叱り続けて，やがて虐待に転じてしまう例がみられる。こうした虐待を続けた結果，成長するにつれ，親への暴力に発展することもある。

　最近の虐待は，障害児ばかりでなく，一般の幼児・児童にも見受けられる。全国の児童相談所で対応をした児童虐待相談件数を[2]を，図1に示す。そ

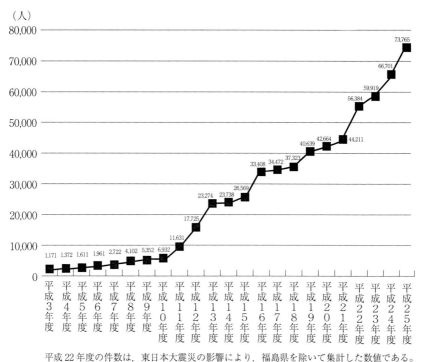

平成22年度の件数は，東日本大震災の影響により，福島県を除いて集計した数値である。

図1　全国の児童相談所で対応した児童虐待相談対応件数

の相談件数をみると，顕著に増加する傾向にある。

　こうした背景として，現在の家庭の持つ脆弱さ，すなわち，家庭の構成単位が小さく，両親が共働きをしているという点が指摘できよう。特に障害のある場合には，放課後デイサービスにお願いしているケースがあり，親とゆっくりかかわれる時間が持ちにくい現状がみられる。今後，片親の家庭が増え続けるとした場合，子どもが巻き添えになる可能性も否定できない。

　平成25年度の虐待相談対応件数（速報値）の多い都道府県は，「大阪府 6,509件，東京都 5,414件，千葉県 4,561件，群馬県 4,119件，愛知県 2,344件となっており，都市部に多い。一方，件数の少ない県は，島根県 97件，鳥取県 155件，高知県・佐賀県 181件，秋田県 203件となっている。人口の多さに加え，住宅事情，家族構成，親族（祖父母）関係，経済

状態などの要因が推測される。

第2節　乳幼児期・児童期・青年／成人期・老年期における支援

1　乳幼児期における支援

　聞き取り調査によると，乳児期には，特に障害に気づかないことが多い。運動などの発達（首のすわり，はいはい，歩行など）に遅れがあっても，そのうち出来るようになるだろうと期待しがちになる。

　幼児の段階になると，動きも激しくなるので，一度，医療機関で診てもらい，遅れがあれば，療育を目的とした通園施設，遅れがあっても保育を受けられる保育所，幼稚園，大学の臨床センターなどに相談することが好ましい。

　この時期は，日常生活に必要なこと，具体的には，睡眠，排泄，食事，運動，ことば，数などの基本的な事柄を身につけることが大切である。

　以前，キイーキイーと甲高く叫ぶ自閉症の女児が教育相談で通っていたが，その後，養護学校高等部で出会ってみると，行動も落ち着き，母親が話している間中，一人でゲームを楽しんでいた。挨拶もきちんとできていた。

　生活の中で基本行動を定着させるには，本人のこだわりに気を付けながら，幾度も同じことを繰り返し，子どもの望ましい行動は褒めるようにし，無理なくかかわることが肝心である。その際，感覚の異常などには特に配慮が必要となるので注意してほしい。

2　児童期における支援

1）就学先の決定

　自閉症児，あるいは発達障害といわれた児童については，就学先（小学校）をどこに決めたらよいのか迷うことが多い。最近では，通常の学級への希望が多い傾向にある。

　就学に際しては，教育委員会や教育センターで，子どもの状態を観察したり，必要に応じてアドバイスをしている。就学指導委員会は，市町村によっては，「教育支援委員会」に名称を変更しているところがある。その理由と

して，「早期からの教育相談・支援や就学先決定時だけでなく，その後の一貫した支援についても助言を行う」からとしている。

2）小学校・中学校・特別支援学校への就学

現在の就学先は，公立に限ってみると，通常の学級，通常の学級＋通級指導教室，特別支援学級，特別支援学校があり，それぞれの学級，学校の目的が明確なので，パンフレットなど寄せ集めて検討するのも一案である。

就学に当たっては，教育センターや通園施設の職員の方々のアドバイス，家族の希望など，本人の将来像も含めて総合的に判断することになる。

最近，通常の学級＋通級指導教室の希望が多く，通級指導教室が増加の傾向にある（48ページ参照）。

最近，巡回相談で通常の学級をみせてもらうと，授業についていけない児童が1クラスに2～3人はみられた。文部科学省（平成24年）の調査（57ページ参照）によると，「学習面や行動面で困難がある」児童は6.5％と報告されている。

授業についていけないと，不登校になったり，いじめにあったりすることもあるので，就学先は慎重に選択することが肝心である。

3）高等学校，特別支援学校高等部への進学

学校の選択で問題となるのは，中等教育（中学校・高等学校）である。殊に，公立の高等学校への進学が難しいとなると，特別支援学校の高等部への進学希望が多くなり，高等部の在籍者数が増加していく傾向にある。

従来，学校卒業後は学校との関係がなくなり，福祉関係の機関に移行したため，本人や養育者が戸惑うことがしばしばみられた。これまでも，教育，福祉，医療などの分野で社会的支援が行われてきたが，縦割り行政のため，教育は文部科学省が，療育，福祉，医療，就労は厚生労働省が担当してきた。一人の自閉症児・者への社会的支援については，時期により所管が異なるので支援を継続することが難しかった。

最近，高等部では，卒業後のことも考え，学校教育から社会の出口，つまり社会生活への移行のための支援を行っている。「個別の支援計画」では，

教育，福祉，医療，就労なども含めて個人の支援計画を乳幼児期から継続していこうとしている。これから，個別の支援計画が動き出し，社会的支援を継続して行えるようになることが期待される。

3　青年／成人期における支援

特別支援学校卒業後の生活の場は，どのような状況になっているのだろうか。平成23年3月の特別支援学校（知的障害）の進路を文科省の調査（P67）でみてみよう。

特別支援学校高等部の12,562人のうち，児童福祉施設・医療機関入所者が8,145人（64.8%）となっており，知的障害の特別支援学校には約30%以上の自閉症児がいるといわれているので，多くは児童福祉施設・医療機関に居住するものと推測される。

いずれの生活の場であれ，自閉症独特のこだわりなどの特徴を有しながら過ごしており，社会全体としても，このような特性をよく理解し，社会の一員として共に暮らしていくことが求められる。

就労については，一般就労を目指す事業として「就労移行・就労継続A型」，働き続ける事業として「就労継続B型」が用意されている。後者に関し，福祉施設で働く人には工賃が支払われる。

働くこととともに，余暇・レジャー活動は大切であり，旅行，運動会，音会，体育祭，絵画などを取り入れている施設もみられる。

4　老年期における支援

我が国に情緒障害特殊学級が設置されてから45年余が過ぎ，当時の子どもたちも成長し，壮年期／老人期を迎えようとしている。母親その他の養育者の関心も，「親亡き後」に向けられる。

ここに，知的障害を対象とした障害者支援施設入所者を対象として，「知的障害の高齢者」と「知的障害を伴う発達障害の高齢者」（いずれも60歳以上）の比較をした調査[3,4]がある。

両者の状態は違っており，「自閉症を疑われる知的障害の高齢者」は，老化を認識できない。生活のスタイルを変えることができにくく，頑固で融通

がきかない。生育暦がとぎれてしまい，発達期におけるエピソードがわからない場合がある。老化を認識できない場合，周囲が将来に向けてソフトランディングさせる仕組みを考える必要がある。

老化に伴い視覚から機能が低下していくので，医療のサポートが必要となってくる。

我が国で最初の自閉症と診断された女性（あさけ学園）の生活に対する支援についての事例報告[1]がある。その中で，家族（父親）との死別，死別後の告別式，家屋の取り壊し，お墓参りなどについての施設側の支援が紹介されている。

「親亡き後」に関しては，「成年後見人制度」,「自閉症スペクトラムのための総合保障（一般社団法人　日本自閉症協会)」などが用意されている。

第3章
障害者を取り巻く社会環境

　本章では，自閉スペクトラム症児・者の学校教育後の社会生活について，養育者の関心が比較的高い仕事関係と犯罪関係という基本的な社会事象の観点から述べる。

　本章以降，「自閉スペクトラム症児・者」を取り巻く社会生活や法制度，国際環境といった望遠レンズのような視線に移っていくので，「障害者」等の大枠のくくりとして述べざるを得ないことを，ご容赦いただきたい。

第1節　仕事と雇用

1　多様な働き方

　社会生活における障害者の生計については，支出と収入の面からとらえることができる。

　支出の例として，近くのコンビニで買い物をする（売買），電車に乗って遊びにいく（旅客運送）などが，また，収入の例として，仕事（役務の提供）をして報酬を受ける（雇用等），月極の駐車場を貸して使用料を得る（賃貸借）などが挙げられる。

　一口に「仕事」，「働く」といっても幅が広く，「役務を提供して報酬を受ける」という中には，会社員やパート店員として勤務する（雇用）のほか，公園の草取り業務を依頼される（業務委託），物品の製造を行う内職（請負），家業を手伝うなど，いろいろな働き方がみられる。

　そして，こうした多様な働き方のうち，使用者と実質的に使用従属関係（つまり指揮命令下）にあるような場合に，労働基準法等の労働関係法令が適用される。換言すれば，何がしかの仕事をしたとしても，必ずしも，「労働者」になるとは限らない。

166　第Ⅲ部　自閉スペクトラム症・発達障害への社会的支援

　仮に，障害者の働き方が業務委託や請負であれば，「労働者」にはあてはまらないので，労働時間等を規制する労働基準法や，賃金の下限を定める最低賃金法，労働者の安全衛生面を規律する労働安全衛生法，業務上で怪我をしたときなどに補償を行う労働者災害補償保険法，失業したときに基本手当が支給される雇用保険法などは，適用されないことに留意する必要がある。

　例えば，地域作業所や授産施設などを利用して障害者が福祉的就労をしている場合，「労働者」と認められなければ，最低賃金法が適用されないので，障害者に支払われる工賃が地域別最低賃金を下回っていても，直ちに同法上の問題が生じるわけではない。

　こうした雇用・労働関係の制度に関わる内容は，一般的に分かりにくい面もあるので，関係行政機関，企業の雇用担当部門，福祉施設等の連携や協働が求められる。

2　障害者の雇用の促進

　厚生労働省（職業安定局 雇用開発部 障害者雇用対策課）の公表（平成27年11月27日）によれば，民間企業における障害者の雇用状況（平成27年6月1日現在）は，次のとおりであり（表1），障害者の雇用は，着実に進展している。

　ア　民間企業（50人以上規模の企業，法定雇用率2.0％）に雇用されている障害者の数は451,133.5人で，前年より5.1％（21,908.0人）増加し，12年連続で過去最高となった。

　イ　障害種別でみると，身体障害者は320,752.5人（対前年比2.4％増），知的障害者は97,744.0人（同8.4％増），精神障害者は34,637.0人（同25.0％増）と，いずれも前年より増加し，特に精神障害者の伸び率が大きくなった。

　障害者の雇用については，「障害者の雇用の促進等に関する法律」（昭和35年法律第123号）に基づく障害者雇用率制度により，企業に対し，雇用する労働者の2.0％に相当する障害者を雇用することを義務付けている。

　これを満たさない企業からは，納付金を徴収するとともに，この納付金を

第 3 章　障害者を取り巻く社会環境　167

表 1　民間企業における障害者雇用状況の推移

	雇用障害者数（人）	実雇用率（%）	法定雇用率達成企業 の割合（%）
平成 24	382,363.5	1.67	46.8
平成 25	408,947.5	1.76	42.7
平成 26	431,225.5	1.82	44.7
平成 27	453,133.5	1.88	47.2

基に，雇用義務数より多く障害者を雇用する企業に対して調整金を支払った
り，障害者を雇用するために必要な施設設備費等に助成している。

　すなわち，それぞれの企業は相応の人数の障害者を雇わなければならず，
それができていないときには，納付金を支払わなければならない，という仕
組みを設けて，社会全体として，障害者の雇用を促進しているわけである。

　平成 27 年 6 月 1 日現在，民間企業における実雇用率は，4 年連続で過去
最高の 1.88%（前年は 1.82%），法定雇用率を達成した企業の割合は 47.2%（同
44.7%）であった（表 1）。

　また，障害者本人には，職業訓練や職業紹介，職業リハビリテーションが
実施され，それぞれの障害の特性に応じた支援がなされるよう配慮されてい
る。

3　労働時間と賃金

1）短時間労働への対応

　障害者の仕事時間に着目すると，働き方が雇用か業務委託かなどにかかわ
らず，それぞれの障害の特性等に応じて，1，2 時間程度から 8 時間程度ま
でといったように，相当の幅がみられる。

　そして，「労働者」として短時間の労働をしている場合，障害者雇用率制
度においてカウントされる仕組みとなっている。

　これに関し，中小企業における障害者の雇用の促進及び短時間労働に対応
した雇用率制度の見直し等を内容とする，「障害者の雇用の促進等に関する
法律の一部を改正する法律」（平成 20 年法律第 96 号）が，平成 20 年 12 月
に成立し，平成 21 年 4 月（一部は平成 22 年 7 月等）から施行された。

168　第Ⅲ部　自閉スペクトラム症・発達障害への社会的支援

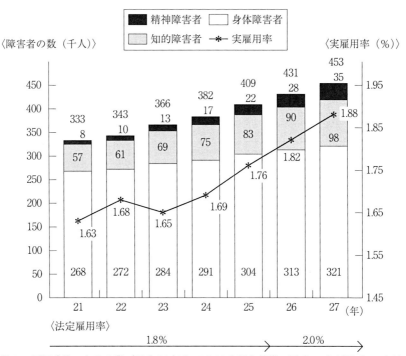

注1：雇用義務のある企業（平成24年までは56人以上規模，平成25年以降は50人以上規模の企業）についての集計である。
注2：「障害者の数」とは，次に掲げる者の合計数である。

平成18年度以降
・身体障害者（重度身体障害者はダブルカウント）
・知的障害者（重度知的障害者はダブルカウント）
・重度身体障害者である短時間労働者
・重度知的障害者である短時間労働者
・精神障害者精神障害者である短時間労働者（精神障害者である短時間労働者は0.5人でカウント）

平成23年度以降
・身体障害者（重度身体障害者はダブルカウント）
・知的障害者（重度知的障害者はダブルカウント）
・重度身体障害者である短時間労働者
・重度知的障害者である短時間労働者
・精神障害者
・身体障害者である短時間労働者（身体障害者である短時間労働者は0.5人でカウント）
・知的障害者である短時間労働者（知的障害者である短時間労働者は0.5人でカウント）
・精神障害者である短時間労働者（精神障害者である短時間労働者は0.5人でカウント）

注3：法定雇用率は平成24年までは1.8％，平成25年4月以降は2.0％となっている。

図1　民間企業における障害者の雇用状況

この改正内容のうち，短時間労働に対応した雇用率制度の見直しについては，①障害の特性や程度，加齢に伴う体力の低下等により，長時間労働が難しい場合があること，②障害者が福祉的就労から一般の雇用へ移行していくための段階的な就労形態として短時間労働が有効であること等から，平成22年7月以降，障害者雇用率制度において，身体障害者又は知的障害者である短時間労働者（週所定労働時間20時間以上30時間未満）を，0.5としてカウントすることとなった。

2）最低賃金の減額の特例

地域別最低賃金は，パートタイマー，アルバイト，臨時，嘱託など雇用形態や呼称にかかわりなく，各都道府県の事業場で働く全ての労働者とその使用者に適用されるものである。

これに関し，地域的最低賃金がすべての労働者の賃金の最低額を保障する安全網として十全に機能するようにするため，「最低賃金法の一部を改正する法律」（平成19年法律第129号）が，平成19年11月に成立し，平成20年7月1日から施行された。

この改正内容のうち，障害者に関連するものとして，最低賃金の適用除外規定を廃止し，減額の特例規定を新設した。

具体的には，一般の労働者より著しく労働能力が低いなどの場合に，最低賃金を一律に適用するとかえって雇用機会を狭めるおそれなどがあるため，「精神又は身体の障害により著しく労働能力の低い方」（同法による改正後の最低賃金法第7条第1号）や「軽易な業務に従事する者」（同条第4号）などについては，使用者が都道府県労働局長の許可を受けることを条件に，個別に最低賃金の減額の特例が認められる。

4　使用者による障害者への虐待等

障害者が労働者として働く場合，その会社（使用者）から，何らかの被害を受けることもあり，これに関し，「障害者虐待の防止，障害者の養護者に対する支援等に関する法律」に基づいて，年度ごとに，使用者による虐待の状況が公表されている。

厚生労働省（大臣官房 地方課企画室）の公表（平成 27 年 8 月 27 日）によれば，平成 26 年度における使用者による障害者への虐待の状況は，次のとおりである。

1）虐待の状況

ア 虐待が認められた事業所が増加

平成 26 年度に通報・届出のあった 985 事業所のうち，労働関係法令に基づき調査などを行い，使用者による障害者虐待が認められたのは，299 事業所（前年度比 18.2％増）。

イ 虐待が認められた障害者も増加

使用者から何らかの虐待を受けていると認められた障害者（被虐待者）は，483 人（前年度比 22.9％増）。

障害種別では，知的障害者が 362 人と最も多く，虐待種別では経済的虐待を受けた障害者が 419 人（83.6％）と最も多い。

ウ 知的障害者に対する経済的虐待が最多

障害種別を問わず，経済的虐待が認められた障害者が最も多い。

経済的虐待を受けた障害者の中でも，知的障害者が 324 人であり，他の障害種別の障害者と比べて最も多い。

エ 事業主による虐待が最多

障害者への虐待を行った使用者は，全体で 311 人（前年度比 19.6％増）。

使用者の中で，事業主が 258 人（83.0％）と最も多く，続いて，所属の上司が 43 人（13.8％）となっている。

オ 虐待に対する労働局の措置

使用者による障害者虐待が認められた場合において，その所管する法令に基づき，労働局等がとった措置は，492 件（前年度比 26.5％増）。

経済的虐待が前年度と比べて増加したことから，労働基準関係法令に基づく指導等が，429 件（同 25.8％増）であり最も多く，労働局がとった措置全体の 87.2％を占める。

労働基準関係法令に基づく指導等のうち，最低賃金法違反に関する指導等は 380 件（同 23.4％増）であり，労働局がとった措置全体の 77.2％を占める。

使用者による障害者への虐待を防止するためには，障害者のみならず，その家族や養護者が，いち早く虐待に気づき，その状況の把握に努めるとともに，職場の雇用担当部門や関係行政機関と緊密な連携を図りつつ，虐待の事態を収拾し，再発を防止する対策を早急に講じることが求められる。

2）会社からの損害賠償請求

上記1）は，使用者（会社）からの被害（特に虐待）を扱ったが，それとは逆に，労働者である障害者が，会社に損害を与えてしまうこともあり得る。

例えば，労働者である障害者が，職務の遂行に当たって，誤って機械や物品を壊してしまった場合，それが，通常起こり得るようなものであれば，その業務に折り込み済みのものなので，会社から損害賠償を請求されることは考えにくい。

しかし，障害者の故意又は重過失により，何らかの事故が発生し，著しい損害を会社に与えてしまった場合，会社の事故への関与の程度や安全防止対策の状況，障害者の障害の特性等を踏まえ，損害の公平な分担という見地から，信義則上相当と認められる限度において，会社から損害賠償を請求されることがないとは言い切れない。

仮に，会社から損害賠償などを求められたような場合，養護者等は，独力で解決しようと焦ることなく，当初から，例えば，法律の専門家（市の無料法律相談等）や関係行政機関（都道府県労働局の個別労働関係紛争担当部局等）等に相談するなどして，民事法的な問題点も含め，事態を客観的に冷静に把握するよう努めることが大切である。

第2節　犯罪

犯罪の視点から障害者をとらえると，健常者の場合と同様に，犯罪の被害者と加害者という2つの側面があり，障害者が犯罪の被害を受けず，また，加害者側にもならないようにすることが何よりも重要である。

1 被害を受けないために

障害者については，その障害の特性等により，犯罪者への身体的，精神的な抵抗が，健常者に比べて弱いことが想定される。

例えば，知的障害者が寸借詐欺に騙されたり，女性の障害者が性犯罪の被害に遭うおそれがあることは，容易に推察できる。

加えて，障害の特性や程度によっては，捜査の手掛かりとなるような犯罪（者）に関する記憶が曖昧であったり，証拠写真の撮影を含め，被害に遭った現場を適切に保全することが難しかったりする場合も想定されよう。

そこで例えば，障害者が自立に向けて，街中で単独行動を試みるような場合，交通事故の回避も含め，犯罪の被害を受けないよう，障害者の養護者や家族，地域住民，関係行政機関との間で連絡を緊密にしておくことが望ましい。

法制上においても，障害者基本法（昭和45年法律第84号）は，障害者に係る防災及び防犯の観点から，「国及び地方公共団体は，障害者が地域社会において安全にかつ安心して生活を営むことができるようにするため，障害者の性別，年齢，障害の状態及び生活の実態に応じて，防災及び防犯に関し必要な施策を講じなければならない。」旨を規定している（同法第26条）。

また，発達障害者支援法（平成16年法律第167号）も，国及び地方公共団体の責務として，犯罪等により発達障害者が被害を受けること等を防止するため，医療，保健，福祉，教育及び労働に関する業務を担当する部局と消費生活に関する業務を担当する部局その他の関係機関との必要な協力体制の整備について規定している（同法第3条第4項）。

国や地方公共団体はもとより，社会全体として，障害者に係る防犯の意識を高めていくことが肝心である。

2 障害者が関わる犯罪

まず，加害者側にならないよう家族や施設，地域などで見守ることが大切である。

小さな反社会的行動がきっかけで，何らかの犯罪に巻き込まれ，結果として，世間を騒がす刑事事件にならないとも限らない。警察・検察の取り調べ

や法廷（刑事）において，必ずしも自らを弁護する証言を期待できるわけではない。

　幼児期から，社会のルールやきまりを，適時その場で，分かりやすく諭し続けることが大事である（161ページ参照）。

　障害者と犯罪との関係については，一つの目安として，矯正統計年報（法務省）の中で，「36　新受刑者の罪名別能力検査値」（矯正協会作成のCAPAS能力検査の結果）が公表されている。

　政府の「再犯防止に向けた総合対策」（平成24年7月　犯罪対策閣僚会議）によれば，一般刑法犯の検挙人員のうち，知的障害者を含む精神障害者及び精神障害の疑いのある者の割合は1％で推移し，入所受刑者及び少年院入院者のうち精神障害を有する者の占める割合は，入所受刑者については8％，少年院入院者については9％となっており，年々増加している。

　また，上記総合対策の中で，再犯防止のための重点施策として，障害者に対する指導及び支援が掲げられている。

　具体的には，障害のため自立した生活を送ることが困難な者に対しては，出所後直ちに福祉サービスにつなげる準備を進めて，帰住先の確保を推進している。また，障害者の個々の必要性に応じた指導・支援，医療・福祉等のサポートを，刑務所収容中から出所後に至るまで切れ目なく実施できるよう取り組みがなされている。

　こうした取組みに当たっては，日頃から，関係行政機関（矯正担当部門）と福祉施設，病院等とが，緊密な連携を図ることが求められる。

　障害者が出所した後，その帰住先を確保することは，実際上，多くの困難を伴うであろうが，帰住先となる自宅や福祉施設，病院等と，その近隣地域の住民の理解と協力を得ながら，徐々に解決の糸口がみつけられるよう，社会全体としての理解を深めていくことが肝要である。

第4章
障害者をめぐる国際環境

　自閉スペクトラム症児・者の基本的な社会生活について述べた前章に続き，本章では，さらに視野を広げて，障害者に関する法制度，更には国際条約の批准に焦点を移していく。

　自閉スペクトラム症児・者を取り巻く環境は，本人と養育者という家族関係から，就学を契機として，学校の現場教育へ，就労という節目を境に，施設，就労場所，地域という社会生活に移り，その外郭には，法律などの社会制度や国際条約が整備されつつある。

　こうした時系列の流れや取り巻く環境の広がりを念頭に，本節では，具体的に，障害者の権利に関する条約（Convention on the Rights of Persons with Disabilities　以下単に「条約」という。）の批准に至るまでの国内法の整備のあり方について，主に立法過程及び立法政策の観点から述べる。

第1節　条約の経緯と内容

1　日本の立場

　国連総会は，平成18年12月13日，条約を採択し，日本は，翌年9月28日，条約に署名した。

　その後，「障害を理由とする差別の解消の推進に関する法律」の成立など国内法の整備が充実したことから，衆議院本会議（平成25年11月19日）及び参議院本会議（同年12月4日）において全会一致で条約の批准が承認された。

　これを受け，平成26年1月20日，国際連合事務総長に批准書を寄託し，同年2月19日，我が国に条約の効力が生じた。

2 条約の採択までの流れ

条約の採択までの経緯として，国連は，昭和50（1975）年に「障害者の権利宣言」を，昭和57（1982）年に「障害者に関する世界行動計画」と「国連障害者の十年」決議を採択している。

平成5（1993）年には「障害者の機会均等化に関する標準規則」を採択し，障害者の社会的障壁を取り除くべきとの理念が示された。

平成6（1994）年，スペインのサラマンカで開催された「特別なニーズ教育に関する世界会議」は，障害のある子どもを含めた万人のための学校や包容的な教育（inclusive education）を提唱した，「特別なニーズ教育における諸原則，政策及び実践に関するサラマンカ声明」（The Salamanca Statement on principles, policy and practice in special needs education）と，その「行動の枠組み」（Framework for Action on special needs education）を採択した。

平成13（2001）年，「障害者の権利及び尊厳を保護・促進するための包括的・総合的な国際条約」決議が採択され，国際条約を起草するための「アドホック委員会」の設置が決まり，平成14（2002）年以降，8回にわたるアドホック委員会における検討の結果，平成18（2006）年12月13日，第61回国連総会本会議において条約が採択され，平成20（2008）年5月3日に発効した。

3 条約の内容

条約は，前文（Preamble）及び50条から構成され，

① 障害者の尊厳，自律及び自立の尊重，無差別，社会への完全かつ効果的な参加及び包容等を一般原則（General principles 同条約第3条）とし，

② 合理的配慮（reasonable accommodation）を怠ることも含め，障害に基づくいかなる差別もなしに，全ての障害者のあらゆる人権及び基本的自由を完全に実現することを確保し，及び促進すること等の一般的義務（General obligations 同第4条）を定めるとともに，

③ 障害者の権利実施のための措置として，身体の自由及び安全（Liberty and security of person 同第14条）等のほか，教育（Education 同第24条），健康（Health 同第25条），労働及び雇用（Work and employment 同第27

条），相当な生活水準及び社会的な保障（Adequate standard of living and social protection 同第 28 条），政治的及び公的活動への参加（Participation in political and public life 同第 29 条）など，幅広い分野における取組みを締約国に求めている。また，

④　条約の効果的な実施を確保するために，締約国が国内における実施を監視するための枠組みを維持し，強化し，指定し，又は設置すること（National implementation and monitoring 同第 33 条），

⑤　締約国が選出する委員から構成される障害者の権利に関する委員会を設置すること（Committee on the Rights of Persons with Disabilities 同第 34 条）等を定めている。

第 2 節　国内法の整備に向けた政府の動き

1　障がい者制度改革推進本部の設置

　日本国内では，条約の批准に先立ち，国内法の整備をはじめとする諸改革を進めるべきとの障害当事者等の意見も踏まえ，政府は，それまでの障害者施策推進本部を引き継ぐものとして，平成 21 年 12 月 8 日，障がい者制度改革推進本部（内閣総理大臣を本部長，全閣僚を副本部長又は本部員とする。以下「本部」という。）を閣議決定に基づき設置し，条約の批准に向けて集中的に障害者の制度に係る改革の推進に取り組むこととした。

2　国内法の整備に向けた立案作業

　条約の内容は，前述したように，一般原則や一般的義務のみならず，教育，健康，労働及び雇用，社会保障，政治活動等への参加など幅広い分野に及んでいることから，それに向けた法的整備の対象となる国内法も多岐にわたり，そうした各法律を所管する省庁における立案作業も複雑にならざるを得ない。

　しかも，対象となる各法律の本文の改正のみならず，附則によるハネ改正も視野に入れれば，各省庁間の法令協議や内閣法制局における法令審査にお

いて，ある程度の共通認識も求められる。

その意味で，政府が本部を立ち上げ，各省庁における関連制度の改革に向けた企画・立案の進行状況に対し，大局的に目配せ（グリップ）をするという枠組みは効率的かつ効果的といえる。

そうした中，政府は，「障害者制度改革の推進のための基本的な方向性について」（平成22年6月29日）を閣議決定し，「障害の有無にかかわらず，相互に個性の差異と多様性を尊重し，人格を認め合う共生社会の実現を図る」ことを掲げ，「第2　障害者制度改革の基本的方向と今後の進め方」として，「1　基礎的な課題における改革の方向性」と「2　横断的課題における改革の基本的方向と今後の進め方」の2つを示した。

さらに，施策分野ごとに改革の工程表を定め，それぞれの基本的方向と今後の進め方を表している。

こうした工程表を用いた手法は，各省庁の現況を大局から俯瞰しつつ適切な指示ができるものであり，実際にも，この翌年に，住宅と文化・スポーツの分野を取り上げた，「障害者制度改革の推進のための基本的な方向性について（第二次）」（平成23年3月15日）を閣議決定している。

第3節　国内法に関する立法政策

本部を通じた集中的な法的整備の推進の結果，新法の制定や一部改正が数多く行われた。

以下，主要な法律を取り上げ，その立法の過程や政策を述べる。

1　「障害者基本法」の一部改正

障害者基本法（昭和45年法律第84号）は，昭和45年に「心身障害者対策基本法」が，議員立法として成立したことに遡り，同法は，平成5年の一部改正法により，題名が「障害者基本法」に改められた。

平成23年3月，本部は，障害者基本法の一部を改正する法律案を決定し，翌月の閣議決定を経て，国会に提出された。同法案は，国会審議において，

防災・防犯，消費者としての障害者の保護を加えるなどの衆議院の修正を経て，同年7月に可決され成立し（平成23年法律第90号），公布の日（同年8月5日）から施行された（一部は平成24年5月21日施行）。

改正後の第1条〔目的〕では，目指すべき社会の姿を新たに明記し，同第2条〔定義〕では，日常生活又は社会生活において障害者が受ける制限は，社会との関わりによって生ずるという，「社会的障壁」の考え方を新たに規定した。

同第3条〔地域社会における共生等〕では，障害者を，必要な支援を受けながら，自らの決定に基づき社会のあらゆる活動に参加する主体としてとらえ，障害者があらゆる分野において分け隔てられることなく，他者と共生することができる社会の実現を規定した。

同第4条〔差別の禁止〕の第2項では，「社会的障壁の除去」についての「合理的な配慮」に関する規定を新設した。

なお，検討条項として，改正法附則第2条第2項は，「国は，障害者が地域社会において必要な支援を受けながら自立した生活を営むことができるようにするため，障害に応じた施策の実施状況を踏まえ，地域における保健，医療及び福祉の相互の有機的連携の確保その他の障害者に対する支援体制の在り方について検討を加え，その結果に基づいて必要な措置を講ずる」旨を定めている。

2 「地域社会における共生の実現に向けて新たな障害保健福祉施策を講ずるための関係法律の整備に関する法律」の成立

本部等における検討を踏まえて，地域社会での共生の実現に向けて新たな障害保健福祉施策を講じるため，「地域社会における共生の実現に向けて新たな障害保健福祉施策を講ずるための関係法律の整備に関する法律」（平成24年法律第51号）が，平成24年6月に成立し，平成25年4月1日から施行された（一部は平成26年4月1日施行）。

本法により，障害者自立支援法（平成17年法律第123号）の題名が「障害者の日常生活及び社会生活を総合的に支援するための法律」に変更されたほか，新設規定である第1条の2〔基本理念〕では，障害者等への日常生活

又は社会生活の支援が，共生社会を実現するため，社会参加の機会の確保及び地域社会における共生，社会的障壁の除去に資するよう，総合的かつ計画的に行われることを規定した。

　また，本法により，児童福祉法（昭和 22 年法律第 164 号），身体障害者福祉法（昭和 24 年法律第 283 号），知的障害者福祉法（昭和 35 年法律第 37 号）等も改正されている。

3　「障害を理由とする差別の解消の推進に関する法律」の成立

　全ての国民が，障害の有無によって分け隔てられることなく，相互に人格と個性を尊重し合いながら共生する社会の実現に向け，障害を理由とする差別の解消を推進することを目的とする，「障害を理由とする差別の解消の推進に関する法律」（平成 25 年法律第 65 号）が，平成 25 年 6 月に成立し，平成 28 年 4 月 1 日から施行されることとなった。

　政府は，平成 27 年 2 月 24 日，同法第 6 条第 1 項の規定に基づいて，「障害を理由とする差別の解消の推進に関する基本方針」を閣議決定した。同基本方針は，障害を理由とする差別の解消に向けた，政府の施策の総合的かつ一体的な実施に関する基本的な考え方を示すものである。

　また，同法は，行政機関等及び事業者における障害を理由とする差別の禁止（第 7 条及び第 8 条）や，障害を理由とする差別を解消するための支援措置として，国及び地方公共団体による相談及び紛争の防止等のための体制の整備（第 14 条）を定めている。

4　「障害者の雇用の促進等に関する法律」の一部改正

　障害者である労働者が障害により差別されることなく，かつ，その有する能力を有効に発揮することができる雇用環境を整備する見地から，障害者に対する差別を禁止するための措置等を定める，「障害者の雇用の促進等に関する法律の一部を改正する法律」（平成 25 年法律第 46 号）が，同年 6 月に成立し，平成 28 年 4 月 1 日から施行されることとなった。

　同法を受け，既に，改正後の障害者の雇用の促進等に関する法律（昭和 35 年法律第 123 号）第 36 条〔障害者に対する差別の禁止に関する指針〕の

第1項に基づく指針（平成27年厚生労働省告示第116号）が，また，同法第36条の5〔雇用の分野における障害者と障害者でない者との均等な機会の確保等に関する指針〕の第1項に基づく指針（平成27年厚生労働省告示第117号）が定められている。

第4節　議員立法による関連制度の改革

　立法府では，政府の本部を通じた法的整備（第2節及び第3節）とは別に，ほぼ同時期において，次のとおり，議員立法として，障害者の制度の改革を進めてきた。

　この意味で，障害者の制度に係る改革は，行政府による内閣提出法律案の提出と立法府による議員立法という両輪によって，相当前向きに進展しているといえる。

1 「障害者虐待の防止，障害者の養護者に対する支援等に関する法律」の成立

　障害者に対する虐待の防止，障害者に対する保護及び自立の支援のための措置，養護者に対する支援のための措置等を定める，「障害者虐待の防止，障害者の養護者に対する支援等に関する法律」（平成23年法律第79号）が，議員立法（衆法）として，平成23年6月に成立し，24年10月1日から施行された。

　同法は，「何人も，障害者に対し，虐待をしてはならない。」（第3条）と規定するほか，養護者，障害者福祉施設従事者等及び使用者による障害者虐待の防止等（第2章から第4章まで），就学する障害者等に対する虐待の防止等（第5章）等を定めている。

2 「国等による障害者就労施設等からの物品等の調達の推進等に関する法律」の成立

　障害者就労施設等が供給する物品及び役務に対する需要の増進等を図るた

め，国等の責務を明らかにするとともに，基本方針及び調達方針の策定その他障害者就労施設等の受注の機会を確保するために必要な事項等を定めることを内容とする，「国等による障害者就労施設等からの物品等の調達の推進等に関する法律」（平成 24 年法律第 50 号）が，議員立法（衆法）として，平成 24 年 6 月に成立し，平成 25 年 4 月 1 日から施行された。

　同法第 1 条は，その目的として，「障害者就労施設等が供給する物品及び役務に対する需要の増進等を図り，もって障害者就労施設で就労する障害者，在宅就業障害者等の自立の促進に資する」旨を定めている。

3 「成年被後見人の選挙権の回復等のための公職選挙法等の一部を改正する法律」の成立

　成年被後見人の選挙権等を回復するとともに，選挙等の公正な実施を確保するため，代理投票における補助者の要件の適正化等の措置を講ずる，「成年被後見人の選挙権の回復等のための公職選挙法等の一部を改正する法律」（平成 25 年法律第 21 号）が，議員立法（衆法）として，平成 25 年 5 月に成立し，同年 6 月 30 日から施行された。

　その後の初めての国政選挙として，参議院議員通常選挙（同年 7 月）が行われた。

182 第Ⅲ部 自閉スペクトラム症・発達障害への社会的支援

第 1 章文献

1 ） Allen Frances （2013） Essentials of Psychiatric Diagnosis Responding to the Challenge of DSM-5（DSM-5）. The Guilford Press.（大野裕・中川敦夫・柳沢圭子（2014）精神疾患診断のエッセンス―DSM-5 の上手な使い方. 金剛出版）

2 ） American Psychiatric Association （1994） Quick Reference to the Diagnostic Criteria from DSM-IV.（高橋三郎・大野裕・染矢俊幸訳（1995）DSM- Ⅳ：精神疾患の分類と診断の手引き. 医学書院）

3 ） American Psychiatric Association （2000） Quick Reference to the Diagnostic Criteria from DSM-IV-TR.（高橋三郎・大野裕・染矢俊幸訳（2003）DSM- Ⅳ -TR：精神疾患の分類と診断の手引き. 新訂版. 医学書院）

4 ） American Psychiatric Association （2013） Diagnostic and Statistical Manual of mental Disorders, Fifth Edition.（高橋三郎・大野裕監訳（2014）DSM-5 精神疾患の診断・統計マニュアル. 医学書院）

5 ） 厚生労働省 （2004） 発達障害者支援法. 平成 16 年 12 月 10 日，法律 167 号.

6 ） World Health Organization （1992） The ICD-10 Classification of Mental and Behavioural Disorders：Clinical descriptions and diagnostic guidelines.（融道男・中根充文／小宮山実・岡崎祐士・大久保善朗監訳（1993）ICD-10 精神及び行動の障害：臨床記述と診断ガイドライン. 新訂版. 医学書院）

第 2 章文献

1 ） 近藤裕彦 （2012） 日本で最初に女性で自閉症の診断を受けた方の生活や支援の取り扱い. 厚生労働省 平成 23 年度障害者総合福祉推進事業「老年期発達障害者（60 代以上）への障害者福祉サービス提供の現状とニーズ把握に関する調査について. 報告書」社会福祉法人　萌葱の郷.

2 ） 厚生労働省 （2014） 平成 25 年度の児童相談所での児童虐待相談対応件数等. 平成 26 年 8 月 4 日.

3 ） 中野伊知郎 （2012） 知的障害者を対象群とした比較研究について. 厚生労働省 平成 23 年度障害者総合福祉推進事業「老年期発達障害者（60 代以上）への障害者福祉サービス提供の現状とニーズ把握に関する調査について. 報告書」社会福祉法人　萌葱の郷.

4 ） 社会福祉法人　萌葱の郷 （2012） 厚生労働省 平成 23 年度障害者総合福祉推進事業報告書. 老年期発達障害者（60 代以上）への障害福祉サービス提供の現状とニーズ把握に関する調査について. 平成 24 年 3 月.

第 3 章文献

厚生労働省 （2015） 障害者雇用状況の集計結果. Press Release. 平成 27 年 11 月 27 日.

参考図書・参考文献

本田秀夫 （2013） 子どもから大人への発達精神医学. 金剛出版.

石井正博・篠田晴男・篠田直子 （2015） 大学生における自閉症スペクトラム障害傾向と職業決定との関連. 自閉症スペクトラム研究，13 （1）；5-12.

市川宏伸 （2002） 思春期の心の病気. 主婦の友社.

加藤進昌 （2012） 大人のアスペルガー症候群. 講談社 + α 文庫.

川﨑葉子・四宮美恵子・三島卓穂・丹羽真一 （2015） 自閉スペクトラム症と常同行動（こだわり行動）について―強迫性障害との関連をどう見るか. 臨床精神医学，44 （1）；

61-71.

子安増生（2000）心の理論．岩波書店．

Maria J.Paluszny（1979）Autism：A practical guide for parents and professional. Syracuse University Press.（中根晃監訳，佐賀啓男・寺山千代子訳（1981）自閉症児の医学と教育．岩崎学術出版社）

中根晃（1999）発達障害の臨床．金剛出版．

仁平義明（2015）自閉症スペクトラム者の家族のリジリエンス．自閉症スペクトラム研究，13（1）；39-48.

日本自閉症スペクトラム学会編（2005）自閉症スペクトラム児・者の理解と支援．教育出版．

日本自閉症スペクトラム学会編（2012）自閉症スペクトラム辞典．教育出版．

千住淳（2012）社会脳の発達．東京大学出版会．

寺山千代子監修（1999）風の散歩．コレール社．

寺山千代子（2002）自閉症児・者の描画活動とその表現．日本描画テスト・描画療法学会編：特集発達障害と臨床描画，17；5-21.

寺山千代子・中根晃（2003）遅れのある幼児の子育て．教育出版．

東條吉邦・大六一志・丹野義彦編（2010）発達障害の臨床心理学．東京大学出版会．

Uta Frith（1989）Autism：Explaining the enigma.（冨田真紀・清水康夫（1991）自閉症の謎を解き明かす．東京書籍）

別章
海外レポート
~西オーストラリア州における自閉症をめぐる福祉と教育~

　オーストラリアの諸制度は，連邦政府と州政府の二つのレベルが並行して運営されており，ここでは，西オーストラリア州における自閉症児を対象とする福祉制度及び私立学校の発達支援教育の例について紹介する。

　オーストラリアで「自閉症」（自閉症スペクトラム）と診断される人は2012年調査時点で，全人口の約0.5%に当たる115,400人である[注1]。西オーストラリアでも人口の約0.4%に当たる人数が自閉症と診断されている。

1　自閉症児を対象とする福祉制度
1）西オーストラリア自閉症協会の役割

　オーストラリアの連邦政府は，社会サービス省（Department of Social Services）を通して，0歳から6歳までの自閉症児を持つ親や養育者にHCWA（Helping Children with Autism）という支援プランを提供している。各州には，連邦政府が提供する福祉サービスを仲介する機関が設けられており，西オーストラリアでは「西オーストラリア自閉症協会」（Autism Association of Western Australia）がその役割を果たしている。連邦政府のHCWA支援プランの中心にあるのが「自閉症アドバイザー」制度で，同アドバイザーの役目は，その子どもが連邦政府の給付金を受ける資格があるか否かを判断し，資格ありとした場合は申請手続きを手伝い，さらに地域の福祉サービスなどの情報を提供しながら，自閉症児を持つ家庭を様々な面でサポートしてゆくことである。

　西オーストラリア自閉症協会は，連邦及び州政府の助成を受けて運営される非営利団体（NPO）で，臨床心理士や言語療法士，作業療法士，保育士

注1）Australian Bureau of Statistics 4428.0 – Autism in Australia, 2012 www.abs.gov.au/ausstats/abs@.nsf

など各分野の専門家を嘱託し，自閉症児を持つ家庭を対象に，それぞれの子どもに合わせた早期療育の機会を提供している。早期療育プランは，「注意力」「意思伝達（コミュニケーション）能力」「行動，自己制御」「認知機能」「運動機能」「社会性（仲間と遊べるか）」「学校生活に適応できるか」「自分でできる事は何か」といった項目を観察して作成される。こうして作成された個別の療育プランは，その子の家庭や自閉症協会の特設センターで実行される。殊に同センターでの療育は，就学を目標に，学校の教室に似た環境の中で行われる。同センターには，共働きの親やシングルマザーが利用できる，自閉症児のための託児所も併設されている。

　同協会は，年間を通じて，各地のセンターで親や養育者を対象にワークショップを開き，また週に２回，親や養育者の親睦の機会を設けている。また，協会のスタッフが地域の保育所や幼稚園，小学校に出向いて相談を受けたり，教職員を対象にワークショップを開いたりもする。中学や高校を終えた若者のために，進学や就職に向けたカウンセリングやトレーニングも行う。

２）自閉症児の就学を支える制度

　自閉症の児童が就学すると，当該校は連邦および州政府それぞれの助成を受けることになる[注2]。

　州政府の助成金額は，障害の程度により５段階の尺度（「ボーダーライン」「軽度」「中程度」「やや重度」「重度」）で決められる。この尺度は自閉症スペクトラムのほか，視覚障害，聴覚障害，知的障害，言語障害，身体障害，精神障害の各ケースに適用される。３種類以上の障害を併せ持つと診断された生徒は，上記の助成金に加え，障害の重さに応じて追加の助成を受けることもできる。例えば，自閉症に加えて知的障害，および（小児まひなど）身体障害の合併がみられる生徒は，追加助成を受ける資格がある[注3]。

　助成金の給付に当たって，生徒自身の障害の度合いのほかに考慮されるのが，各学校の社会経済的ステータスである。つまり裕福な家庭の多い地域の学校は，低所得者層の多い地域の学校に比べて，受け取れる助成金の額は少ない。

　一方，連邦政府による助成制度は2015年に改定され，新制度が始動した

ばかりで，教育現場のスタッフにとっても初めての要素が多い。助成制度の改定は，教育訓練省（Department of Education and Training）が，「全国共通データ収集」制度（NCCD：Nationally Consistent Collection of Data）を導入したことに伴うものである。これまで，国内で障害児教育がどう行われているかについて，国全体の実態を包括的に把握し地域ごとの比較を可能にするデータ収集は行われていなかった。新しいNCCD制度によって，連邦及び各州の政府や全国の教育機関が，一貫した情報にアクセスすることが可能になる。例えば，障害を持った生徒の数，その分布，また，同種の障害を持った生徒に対してどのような療育プランが実践されているのか，といったことがすぐに分かるようになるというのが新制度のねらいである。

3）公立小学校への就学と療育のシステム

　西オーストラリア州政府は，自閉症児のための「学習促進センター」（ALCA：Accelerated Learning Centre for Autism）をパース首都圏2カ所で運営している。学齢前の早期療育は，自閉症協会の特設センターや，支援団体と提携するクリニックなど各地域で受けることもできるが，ALCAでは，日本の幼稚園児に相応する年齢の子どもを対象に，通常学級への就学を目的とした集中早期療育を行っている(注4)。

　公立の小学校には障害児のための特別学級がないのが普通で，自閉症の子どもが公立の小学校に入学すると，通常学級に通うことになる。そして障害の程度に応じて，補完的な療育プランが組まれる。

　西オーストラリア州政府の教育サービス省（Department of Education Services）は，「コンサルタント教諭」派遣の制度を通して，各地の公立小学校の障害児教育を支援している。コンサルタント教諭は，要請があった学校へおもむき，校長，教頭，障害を持った生徒の担任教諭その他の教職員と

注2）助成金を受け取るのも，申請手続きを行うのも学校側である。西オーストラリア州政府の助成金は，公立学校の場合は「スクールズプラス」（Schools Plus）という全国規模の慈善団体を通して，私立学校は「西オーストラリア私学協会」（AISWA）を通して，教員により申請が行われる。申請には，生徒の診断書および個別のカリキュラムプラン（IEP：Individualized Education Program）の提出が必要となる。
注3）通常は年一回の申請で，各生徒に対し1年分の助成金が支給されるが，新たな診断を受けて診断内容が変わった場合の見直し申請を含め，年2回まで申請可能である。申請には，障害の種類に応じた診断書等が必要となる。
注4）パース北西部のヒースリッジ（Heathridge）と南東部のベッケンハム（Beckenham）にあり，応用行動分析（ABA）に基づいた早期療育を受けることができる。

話し合いながら療育プランを作成し，具体的な指導方法や問題行動の対応などについてアドバイスしている。

2 私立学校の発達支援教育の例

ここでは，西オーストラリアの州都パースにある私立学校，クライストチャーチグラマースクール（Christ Church Grammar School）で実践されている発達支援教育を紹介する。

同校の創立は1910年，小学校から高校まで一貫教育の男子校である。最小学年はプリプライマリー（Pre-Primary）といい，日本の幼稚園の年長にあたる就学準備学年である。1年生から6年生までが初等科，7年生から12年生までが高等科となり，新生徒を募るのはプリプライマリー，4年時，7年時である。

同校では，初等科，高等科それぞれに発達支援学級が設けられている。どちらの学級も，歴代校長の一人，モイエス先生にちなんでピーターモイエスセンター（Peter Moyes Centre：略称 PMC）と名付けられている。初等科の全生徒数は約500人であるが，2015年現在，何らかの障害を持つ生徒が26人在籍している。このうち15人は，常時，通常学級で学校生活を送ることのできる，軽度の障害を持った子どもであるが，ほとんどの子が自閉症である。残りの11人はPMCの教室で過ごすことの多い，重い障害を持つ子どもたちであり，そのうち9人が自閉症である。

現在，初等科のPMCには，「コーディネーター」と呼ばれる主任を含めて15人の先生が常勤している。このうちコーディネーターの先生を含む3人は，小学校の教員資格及び特殊教育の正教員資格を持っている。あとの12人は，特殊教育の補助教員資格を有する。

障害を持つ子どもが同校に入学すると，まず，親（又は養育者）との話し合いにより，これからの学校生活の過ごし方の計画が立てられる。学校側からは，PMCのコーディネーターと学内の臨床心理士のほか，嘱託の言語療法士や作業療法士が立ち会い，計画が練られる。

同校では，PMCの生徒も，可能な限り，通常学級の授業や活動に参加させる方針をとっている。ことに，「体育」「音楽」「アート」の3教科は，付

き添いの先生の助けを借りながら，通常学級の同級生と一緒に行う。また，金曜日の朝，講堂で行われる初等科の朝礼（アセンブリー）にも参加する。

　近年，オーストラリアでも自閉症に対する認識と理解の高まりに伴い，福祉制度や教育の現場が改善されてきている。西オーストラリア州の3つの大学でも，「通常学級における自閉症児の教育」について学ぶことができるようになった[注5]。今後とも，自閉症児を持つ家族や，福祉，医療，教育に関わる人たちの努力の積み重ねが実を結んでゆくことが期待される。

注5）エディスコーワン大学（Edith Cowan University）とカーティン大学（Curtin University）では学士課程で，西オーストラリア大学（ University of Western Australia）では心理学専攻の大学院生が，Supporting Students with Autism in Mainstream Schools　というコースワークを履修することができる。

結びに代えて

　幼い頃の生い立ちや学校生活の状況が，成人してからの家庭生活や職場の
対人関係に少なからず影響を及ぼすように，教育現場における自閉スペクト
ラム症児をめぐる諸問題は，歳月を経て，自閉スペクトラム症者を取り巻く
社会生活上の課題へと移っていく。

　その意味で本書の構成も，時の経過に合わせて，最初に〔第Ⅰ部及び第Ⅱ
部〕，就学後の自閉スペクトラム症児への（特別支援）教育や自閉症の特性
に関する研究を，次いで〔第Ⅲ部〕，学校卒業後の社会的支援のあり方を述
べている。

　執筆の担当は，原則として，第Ⅰ部及び第Ⅱ部は教育現場・臨床研究の専
門家である寺山千代子氏が，第Ⅲ部は筆者が主担当となったが，それぞれに
関連の深い箇所については互いに乗り入れして加筆修正した。また，海外レ
ポート〔別章〕では，パース在住の田村加代氏に西オーストラリア州の現状
を報告してもらった。

　また，本書の題名にも使われている「自閉スペクトラム症」の用語に関し
て，第Ⅰ部にあっては，その用語の変遷も含めた教育制度の移り変わりを述
べているため，第Ⅱ部にあっては，それぞれの研究が行われた当時の資料的
意義を保つため，必要に応じて「自閉症」等の用語を使用している。

　ところで，自閉スペクトラム症・発達障害への社会的支援には，当該児・
者の生涯を通じた包括的で長期的な視点が求められることは論を待たないで
あろう。就学，就労，治療，老化…そういった節目を経ながら，人としての
修養（生計），斉家（家計），老計を考えていかねばならず，加えて，母親そ
の他の養育者との生活環境，家族の役割やその心身の負担などにも留意する
必要がある。

　こうした社会的支援のあり方を，政策分野の切り口からみれば，福祉，教
育，就労，医療，介護などに，社会的支援の手段からみれば，臨床研究，法
制，財政などに，大まかに区分けすることができよう。

　この点，筆者が雇用や社会保障に関する立法学を専門とするため，第Ⅲ部

の内容は，障害者の権利に関する条約の批准に向けた国内法の整備，特に，個別法の立法過程及び立法政策に紙面を割く結果となってしまったが，それでもなお，自閉スペクトラム症に関する法制上及び医学上の定義〔第1章〕や各ライフステージにおける社会的支援の着眼点〔第2章〕，仕事等〔第3章〕に関して，ある程度述べることができた。

さて，先に述べた政策分野と社会的支援の手段とを組み合わせれば，いかようにも細かく区分けすることができるが，自閉スペクトラム症児・者に関する包括的で長期的な視点からすれば，むしろ，当該児・者に関わる筆者らの実際の体験や実践的な知恵の積み重ねを根底として論じていくことが適切と考えた。

私自身，妻と娘たちの支えもあって，ささやかであるが，二十数年間の社会貢献活動や里親としての立場を通じて，家庭に恵まれなかった児童養護施設の児童たちと，それぞれの期間は異なれども衣食住を共にするとともに，養護学校（現特別支援学校）や地域におけるボランティア活動を続けられている。これは，筆者家族の一燈照隅であり矜持でもある。

幸い，共同執筆者である寺山千代子氏は，実践的な研究者であり，日頃から自閉スペクトラム症に関わる相談をしておられるので，本書の共同執筆を契機に，自閉スペクトラム症，障害者，養護を受ける児童などに関する率直な思いや意見を交わすことができた。両者の立場には，学際的と呼ぶには相当な乖離があると実感した一方，「包括的で長期的な支援」や「筆者らの実際の体験や実践的な知恵」という共通項を見いだすこともできた。

「日計足らずして，歳計余りあり。」（日計不足。歳計有余。日々の行いをみれば至らないことばかりのように思われるが，幾多の歳月を経てみれば，見事に充実した人生を過ごしている。）

第Ⅲ部は，自閉スペクトラム症児・者，その養育者の方々の「歳計」を念頭に置きつつ立案したものであるが，現に悩み解決策を見い出せない方々にとって現実的で意義のある福音となり得るのか，未だ疑念が消えたことはない。ひとえに筆者の浅学非才と未徳のゆえであり，読者の方々からのご批判

をいただくばかりである。

　なお，本書が自閉スペクトラム症児・者の養育者，教育関係者などを主な対象としているとの主旨から，法律学を習得していない方にも分かりやすい内容となるよう，仔細にわたる専門的な記述は割愛し，平易な文体となるよう配意した。

　本書の出版に至るまでには，尋常でないほどの校正を重ねてしまった結果，出版の予定日も大幅に徒過するなど，金剛出版の方々には，多大なご迷惑をおかけしてしまった。拙い原稿をまとめてくださった金剛出版の立石正信社長，度重なる校正にもかかわらず，快く編集に携わってくださった中村奈々様に，この場をお借りして深謝申し上げます。

　平成 28 年 3 月

寺山洋一

著者略歴

寺山千代子 (てらやま ちよこ)

東京生まれ

富山大学教育学部・東京学芸大学臨時養成課程修了

公立小学校教諭，国立久里浜養護学校教諭，国立特殊教育総合研究所情緒障害教育研究部研究員，主任研究官，室長，同研究所分室長，植草学園短期大学（名誉）教授，目白大学客員教授，星槎大学客員教授，植草短期大学名誉教授，現在　日本教育大学院大学非常勤講師

発達障害療育研究会評議員，日本自閉症スペクトラム学会常任理事，日本自閉症協会研究部委員，白百合女子大学臨床センター客員研究員，G市巡回相談員他

『自閉症児の発達と指導』（教育出版，1980）

『自閉症児の医学と教育』（共訳）（岩崎学術出版社，1981）

『自閉的傾向をもつ幼児の保育』（共編著）（ひかりのくに，1982）

『障害をもつ幼児の保育』（日本文化科学社，1982）

『就学までの障害幼児の指導』（日本文化科学社，1984）

『遅れを持つ子どもの国語指導』（日本文化科学社，1985）

『国語指導 12 か月』（共編著）（学習研究社，1987）

『自閉症と情緒障害教育』（コレール社，1991）

『自閉症・学習障害に迫る』（共編著）（コレール社，1992）

『風の散歩』（監修）（コレール社，1999）

『遅れのある幼児の子育て』（共編著）（教育出版，2003）

『子どもの福祉』（建帛社，2004）

寺山洋一 (てらやま よういち)

慶応義塾大学法学部卒業

中央大学大学院法学研究科刑事法専攻（前期博士課程）修了

労働省（現厚生労働省）入省

元・香川大学法学部教授（香川大学・愛媛大学連合法科大学院〈教授〉を兼任）

日本社会保障法学会，日本労働法学会等会員

田村加代 (たしろ かよ)（第Ⅲ部別章）

慶応大学文学部卒業，東京大学大学院地域研究専攻修士課程修了

メルボルン大学大学院 Faculty of Fine Arts 修士課程修了

パース在住

自閉スペクトラム症の展開
──我が国における現状と課題──

2016年4月20日　発行
2024年1月30日　2刷

著　者　寺山　千代子　　寺山　洋一
発行者　立石　正信
印刷・製本　デジタルパブリッシングサービス

株式会社　金剛出版
〒112-0005　東京都文京区水道 1-5-16
　　　　　　電話 03(3815) 6661(代)
　　　　　　FAX03(3818) 6848

ISBN978-4-7724-1486-9　C3011　　　Printed in Japan© 2016

おとなの自閉スペクトラム
メンタルヘルスケアガイド

［監修］＝本田秀夫
［編］＝大島郁葉

B5判　並製　248頁　定価3,080円

自閉スペクトラム症（ASD）の診断の有無を問わず，
その特性を持つ人たち（自閉スペクトラム＝AS）を理解し，
支援するためのガイド。

ADHDの若者のための
マインドフルネスワークブック
あなたを"今ここ"につなぎとめるために

［著］＝メリッサ・スプリングステッド・カーヒル
「監訳］＝中野有美　［訳］＝勝野飛鳥

A5判　並製　204頁　定価2,970円

ADHDをもつ若者たちが，
より健康で幸せな生活を送るために，
マインドフルネスの学習・実践の一連の流れが学べるワークブック。

子どもが楽しく元気になるための
ADHD支援ガイドブック
親と教師が知っておきたい9つのヒント

［著］＝デシリー・シルヴァ　ミシェル・トーナー
［監訳］＝辻井正次　鈴木勝昭

四六判　並製　208頁　定価2,420円

注意欠如・多動症（ADHD）の科学的根拠に基づいた
正しい知識と子育て・支援のヒントを，
Q＆Aでわかりやすく身に付けよう！

価格は10％税込です。

大人のADHDのための
マインドフルネス
注意力を強化し，感情を調整して，
目標を達成するための8つのステッププログラム

［著］＝リディア・ジラウスカ　　［監訳］＝大野 裕　中野有美

A5判　並製　232頁　定価3,520円

成人でADHDをもつ人，自分はADHDかもしれないと思っている人に
役立つツールとして，マインドフルネスを紹介。
実践方法を解説したCD付！

ASDに気づいてケアするCBT
ACAT実践ガイド

［著］＝大島郁葉　桑原 斉

B5判　並製　224頁　定価3,080円

ASDを正しく知ってCBTで丁寧にケアするための，
全6回＋プレセッション＋フォローアップから構成された
実践プログラム！

事例でわかる
思春期・おとなの自閉スペクトラム症
当事者・家族の自己理解ガイド

［編著・著］＝大島郁葉
［著］＝鈴木香苗

四六判　並製　248頁　定価3,080円

小さいころに自閉スペクトラム症と言われなかった当事者と家族のための，
アセスメントや診断プロセスを分かりやすく解説した
自己理解ガイド。

価格は10%税込です。

PEERS 友だち作りのSST［学校版］
指導者マニュアル

［著］＝エリザベス・A・ローガソン
［訳］＝山田智子

B5判　並製　480頁　定価4,620円

学校現場に特化した友だち作りが身につく
全16セッション。
課題をひとつずつクリアしていく実践マニュアル。

友だち作りのSST
自閉スペクトラム症と社会性に課題のある思春期のための
PEERSトレーナーマニュアル

［著］＝エリザベス・A・ローガソン　フレッド・フランクル
［監訳・訳］＝山田智子　［監訳］＝大井 学　三浦優生

B5判　並製　392頁　定価4,180円

発達障害の特性のなかでも対人関係に課題を抱えた子どもに，
上手な友だち作りのスキルを提供する，
SST実践マニュアル。

友だち作りの科学
社会性に課題のある思春期・青年期のための
SSTガイドブック

［著］＝エリザベス・A・ローガソン
［監訳］＝辻井正次　山田智子

B5判　並製　280頁　定価3,080円

ソーシャルスキルに課題を抱える子どもと一緒に友達作りを実践しよう!
科学的根拠にもとづくステップ・バイ・ステップの
SSTセルフヘルプガイド。

価格は10％税込です。